LA TECHNOLOGIE MENTALE

Un logiciel pour votre cerveau

Données de catalogage avant publication (Canada)

Berger, Barbara,

La technologie mentale: un logiciel pour votre cerveau
(Collection Vos richesses intérieures)
Traduction de: Mental technology

ISBN 2-89225-464-7

1. Pensée. 2. Esprit. 3. Éducation et discipline mentales. 4. Succès. 5. Bien commun. I. Titre. II. Collection.

BF441.B4714 2001 153.4'2 C2001-940551-0

Cet ouvrage est publié en langue anglaise sous le titre original:
MENTAL TECHNOLOGY, SOFTWARE FOR YOUR HARDWARE, WHAT IT IS AND HOW TO USE IT
Published by BeamTeam Books a division of Barbara Berger
Communications ApS
Livjægergade 19
2100 Copenhagen Ø
Denmark
Téléphone: (45) 35 26 40 77
Fax: (45) 35 26 50 88
Web site:www.beamteam.com
E-mail: Beamteam@beamteam.com

Dépôts légaux: 2e trimestre 2001
Bibliothèque nationale du Québec
Bibliothèque nationale du Canada
Bibliothèque nationale de France

Conception graphique de la couverture:
OLIVIER LASSER

Version française:
SONIA SCHINDLER

Photocomposition et mise en pages:
COMPOSITION MONIKA, QUÉBEC

ISBN 2-89225-464-7

Nous reconnaissons l'aide financière du gouvernement du Canada par l'entremise du Programme d'Aide au Développement de l'Industrie de l'Édition pour nos activités d'édition (PADIÉ).

Imprimé au Canada

Barbara Berger

LA TECHNOLOGIE MENTALE

Un logiciel pour votre cerveau

Les éditions Un monde différent ltée
3925, Grande-Allée
Saint-Hubert (Québec)
Canada J4T 2V8
Tél.: (450) 656-2660
Site Internet: http://www.umd.ca
Courriel: info@umd.ca

J'ai écrit ce livre pour tous ceux qui essaient de faire un meilleur rêve. Puisse-t-il vous aider tout au long de votre chemin.

Table des matières

DEUXIÈME PARTIE: L'APPLICATION

COMMENT UTILISER LA «TECHNOLOGIE MENTALE»

LA TECHNOLOGIE MENTALE
UN LOGICIEL POUR VOTRE CERVEAU

EN QUOI ELLE CONSISTE ET COMMENT L'UTILISER

PREMIÈRE PARTIE: LE PRINCIPE

QU'EST-CE QUE LA «TECHNOLOGIE MENTALE»?

Qu'est-ce que la «technologie mentale»?

La grande révolution de notre époque est l'aube de ce que j'appelle la *«technologie mentale»*. La «technologie mentale» va transformer notre monde. En ce moment, la «technologie mentale» a déjà commencé à changer notre monde et, au début du nouveau millénaire, la «technologie mentale» représente notre outil le plus important.

Ce livre est une brève introduction à la «technologie mentale». Il explique également en quoi elle consiste, comment vous pouvez l'utiliser pour changer votre propre vie, et comment nous pouvons l'utiliser tous ensemble pour modifier la vie des collectivités sur notre planète.

La «technologie mentale»

En résumé, la *«technologie mentale»* est la science de l'esprit. La «technologie mentale» décrit les principes ou les lois qui régissent la façon dont l'esprit procède: votre esprit, mon esprit et l'esprit de tous les autres êtres humains. Tout comme il y a des lois physiques qui décrivent la façon dont les phénomènes agissent sur le plan physique, il y a également des principes ou des lois mentales qui décrivent comment les phénomènes mentaux se déroulent.

Une loi est un principe immuable

Qu'est-ce qu'une loi? Une loi est un principe ou autrement dit une description d'un phénomène impersonnel. Selon le dictionnaire *Le Petit Robert*, les lois de la physique sont «des lois qui rendent compte des phénomènes matériels invariables...»

En d'autres termes, une loi est une succession d'événements impersonnels qui ne dépendent ni de la personne ni des personnes qui participent à la chaîne des événements. Voici quelques exemples de lois physiques:

La loi de la pesanteur

La loi de la pesanteur est une loi impersonnelle qui agit continuellement. À cause de cette loi, si une personne saute du 10e étage d'un immeuble, elle s'écrasera immédiatement au sol. Il n'y a aucune exception à cette loi ou principe.

Peu importe que vous soyez le président des États-Unis, la caissière d'un supermarché local, une star célèbre du rock ou vous-même. Que vous ayez passé une bonne ou une mauvaise journée ne fait pas non plus de différence. Qu'il fasse jour ou qu'il fasse nuit ou quel que soit le temps qu'il fait, ce phénomène est invariable.

Cette loi ne cesse pas d'agir parce que c'est Noël ou votre anniversaire. Cette loi est impersonnelle et elle se manifeste indépendamment de la situation, du moment de l'année ou des personnes concernées. Cela signifie que la loi ne s'arrête pas pour se dire: «Oh! je crois que je ferai une exception ici, parce que la petite Marie a été tellement sage cette semaine. Je ne crois pas qu'elle mérite de s'écraser au sol et de se rompre le cou.» Étant donné que les lois sont impersonnelles, la question du mérite ne figure pas dans l'équation.

Une autre chose importante au sujet de la loi est qu'elle se manifeste, que vous la connaissiez ou pas. En d'autres termes, si vous sautez du 10e étage d'un immeuble, vous allez tomber et vous écraser au sol que vous soyez conscient de la loi de la pesanteur ou non.

Donc, vous ne pouvez pas dire après avoir sauté que vous ne vous rendiez pas compte que vous alliez tomber et vous écraser au sol. Cette loi ne tient nullement compte du niveau personnel de conscience ou de préférence. Elle se manifeste, tout simplement, car c'est une force aveugle de la nature.

La loi de l'agriculture (on récolte ce qu'on sème)

La loi de l'agriculture, qui consiste à planter des graines et à récolter une moisson, est un autre exemple de la manifestation des lois physiques. Chaque fermier sait que s'il plante des pommes de terre, il ne récoltera pas des fraises. Il sait que le type de graines qu'il plante déterminera le genre de récolte à laquelle il peut s'attendre. Il sait que s'il plante des choux, il ne poussera pas des roses. Il n'estime pas que ce résultat a quelque chose de personnel, parce qu'il sait qu'il s'agit d'une loi impersonnelle.

D'ailleurs, le fermier est aussi conscient d'une autre chose importante, c'est que pour pouvoir récolter il faut d'abord qu'il plante quelque chose. Autrement dit, il ne peut pas récolter à partir de rien. Il doit d'abord planter des graines. Ce qui nous mène à une autre loi.

La loi de cause à effet

Tout comme un fermier sait qu'il doit planter des graines pour pouvoir récolter quelque chose, il sait aussi que rien ne vient de rien. En d'autres termes, un fermier ne s'attend pas à obtenir quelque chose de rien. Il faut qu'il y ait quelque chose pour produire autre chose. Il faut qu'il y ait une graine avant qu'une plante puisse pousser.

Cela signifie que pour obtenir quelque chose, il faut qu'il y ait une cause. Nous appelons cela la loi de cause à effet. Selon la loi de cause à effet, on ne peut pas avoir un effet sans cause. Si vous voulez récolter des radis, il faut commencer par planter des graines de radis. On ne peut pas voir pousser des radis à partir de rien. Il faut qu'il y ait une cause pour avoir un effet.

Un autre aspect important de cette loi est que l'effet a toujours les caractéristiques de la cause. C'est-à-dire que l'effet est le résultat de la cause. Donc, un fermier sait que pour récolter des radis, il faut qu'il ait planté des radis. Un fermier ne se promène pas en disant: «...la raison pour laquelle je récolte des radis, c'est que j'ai planté des fraises.» Par conséquent, nous pourrons déterminer la nature de la cause en examinant l'effet, parce que nous savons qu'ils doivent avoir les mêmes caractéristiques.

Un autre exemple de loi ou de principe fondamental que la plupart des gens connaissent est:

La loi de la couleur

Toute personne qui a suivi des cours de peinture sait qu'il y a une loi qui gouverne les couleurs. Lorsque, par exemple, vous mélangez du bleu et du jaune, vous obtiendrez toujours du vert. Encore une fois, peu importe qui vous êtes ou que vous ayez eu une bonne ou une mauvaise journée, lorsque vous mélangez du bleu et du jaune, le résultat sera du vert. Vous n'obtiendrez pas de rouge, quelle que soit la personne que vous soyez ou quoi que vous fassiez.

Encore une fois, c'est que la loi qui régit le spectre des couleurs est un phénomène physique impersonnel. C'est une chose qui est toujours vraie et qui a toujours été vraie. Ce n'est pas quelque chose qui s'est soudainement manifesté parce que vous avez commencé à suivre des cours de peinture.

Ce qui nous amène à un autre point important.

Les lois ont toujours existé

Les lois physiques comme celles que nous venons de décrire ont toujours existé. Elles ne se sont pas produites soudainement et elles n'ont pas commencé à se manifester parce que quelqu'un les a découvertes. Les êtres humains qui vivaient dans l'ancienne Babylone il y 4 500 ans (2800-1750 avant Jésus-Christ) auraient pu avoir des téléphones portables et des ordinateurs à cette époque parce que les lois des phénomènes matériels sur lesquelles repose ces technologies modernes existaient à ce moment-là.

En fait, la seule différence entre notre époque et celle des Babyloniens est que, apparemment, les gens qui vivaient à ce moment-là ne connaissaient pas ces lois, car s'ils les avaient connues, ils auraient eu des ordinateurs et des téléphones portables comme nous. Mais le fait qu'ils ne connaissaient pas les lois qui régissent ces phénomènes matériels ne signifie pas que ces lois n'existaient pas à cette époque.

Prenons un autre exemple: le phénomène que nous appelons l'électricité. D'après le dictionnaire, l'électricité est «un agent physique fondamental causé par la présence et le mouvement d'électrons, de protons et d'autres particules chargées qui se manifeste sous forme d'attraction, de répulsion, de lumière, de chaleur, et d'autres effets...».

Au fond, ce phénomène physique a toujours existé. Mais étant donné que les Babyloniens n'avaient pas de lumière électrique, nous pouvons aussi supposer qu'ils ne connaissaient pas ce phénomène même s'il existait. Et comme ils n'en avaient pas connaissance, ils ne pouvaient pas canaliser et diriger ce phénomène pour s'en servir.

Il a fallu que nous attendions l'arrivée de génies tels que Benjamin Franklin (1706-1790) et Thomas Edison (1847-1931) pour qu'ils commencent à décrire le phénomène et qu'ils nous expliquent comment l'utiliser avant que l'humanité puisse exploiter cette force de la nature et que tout le monde en profite.

Le même principe s'applique aux lois mentales.

Les lois mentales

Tout comme il existe des lois physiques qui décrivent et régissent le processus des phénomènes physiques, il y a également des lois mentales qui décrivent et régissent le processus des phénomènes mentaux.

Même si la plupart des êtres humains n'ont pas encore pris conscience de l'existence de ces lois mentales et de la façon dont elles se manifestent, cela ne signifie pas qu'elles n'existent pas. Les lois mentales existent. Et étant donné qu'elles existent, elles doivent exister et s'appliquer ici et maintenant, que nous en ayons conscience ou pas. En outre, étant donné que ce sont des lois, elles ont *toujours* dû exister.

Tout au long de l'histoire, des peuples ont connu l'existence de ces lois mentales. En fait, l'étude de la métaphysique ainsi que d'une grande partie de la philosophie et de la religion est une tentative d'exploration et de description de ces lois mentales.

Cependant, une chose est certaine: l'étude des lois mentales n'est pas encore enseignée dans nos écoles et nulle part au monde d'ailleurs. Mais elle le sera bientôt. Et quand cela se produira, l'étude des lois mentales modifiera de façon radicale la vie sur notre planète.

L'utilisation des lois mentales

Il est un autre fait au sujet de la découverte des lois mentales, c'est qu'à partir du moment où nous reconnaissons leur existence, nous pouvons commencer à nous en servir. Il a fallu d'abord découvrir les lois qui régissent l'électricité avant de pouvoir utiliser cette énergie au profit de l'humanité. Il en est de même pour les lois mentales. Ces lois doivent être reconnues et comprises avant que nous puissions canaliser leur pouvoir pour le bien de l'humanité. Et lorsque nous comprenons ces lois, nous avons accès à ce que j'appelle la *«technologie mentale»*.

Un logiciel pour votre cerveau

J'ai donné à la mise en application des lois mentales l'appellation suivante: la *«technologie mentale»*.

Comprendre et mettre en application les lois mentales est comparable au fait d'avoir le logiciel qu'il faut pour votre «ordinateur», c'est-à-dire, dans ce cas-ci, pour votre cerveau. Comme vous le savez, il n'est pas très utile pour vous d'acheter un ordinateur très perfectionné et de le poser sur votre bureau. Pour faire fonctionner cet appareil complexe, il faut que vous ayez le bon logiciel.

En d'autres termes, un ordinateur sans logiciel est tout à fait inutile.

Si nous nous servons de cette analogie pour vous, nous pouvons dire que votre ordinateur est en réalité votre cerveau. Tout le monde a un cerveau, mais avant que vous ou n'importe qui puisse se servir de ce cerveau de façon efficace et canaliser ses pouvoirs pour votre bien et celui du reste de l'humanité, il faut que vous ayez le bon logiciel.

En effet, ce logiciel consiste à comprendre les lois mentales. Lorsque vous maîtriserez ces connaissances, vous serez capable de gouverner votre esprit. En d'autres termes, vous serez en charge et vous serez capable de diriger le pouvoir de votre esprit à votre guise.

Pour le moment, un certain nombre de personnes seulement possèdent le logiciel nécessaire, c'est-à-dire une compréhension des lois mentales suffisante pour que leur ordinateur (leur cerveau) travaille pour elles.

Donc, examinons ces lois mentales afin d'apprendre à les faire travailler pour nous.

La loi numéro 1:

La loi de cause à effet

La pensée est la cause,
les événements sont l'effet.

La loi numéro 1:

La loi de cause à effet

La pensée est la cause, les événements sont l'effet.

Commentaire

Nos pensées créent notre réalité et non pas l'inverse. C'est là l'élément essentiel de toutes les lois mentales. C'est la loi que les Sages ont proclamée de tout temps.

Quelle en est la raison?

Tout comme aucun savant ne peut nous expliquer la raison pour laquelle les lois des phénomènes matériels existent – telle que la loi de la pesanteur –, aucun d'entre eux ne peut nous expliquer pourquoi les lois mentales existent. Toutes les lois – tant mentales que physiques – ont été découvertes au moyen de l'observation, c'est-à-dire, en observant la façon dont les phénomènes se déroulent.

Cela est vrai aussi bien pour les lois mentales que pour les lois physiques. Nous avons appris leur existence en examinant la façon dont le monde autour de nous se manifeste.

C'est ainsi que les Sages ont découvert grâce à l'observation que: *La pensée est la cause, les événements sont l'effet*.

La plupart des gens croient que le monde extérieur est une réalité objective, qui existe extérieurement et de façon distincte de nous-mêmes. Le résultat de cette croyance est que bon nombre de personnes sont convaincues qu'elles sont victimes de circonstances et d'événements indépendants de leur volonté. Mais tel n'est pas le cas. Ces événements prétendument extérieurs sont l'effet d'une cause, et cette cause est la pensée.

Rappelez-vous que lorsque nous avons examiné les lois des phénomènes matériels, les lois physiques, nous avons découvert qu'il est impossible d'avoir un effet sans cause. Donc, aucun événement ou phénomène ne peut se produire sans une cause. Par conséquent, pour que quelque chose existe dans le monde physique, cette chose doit provenir de quelque part. Si vous n'êtes pas sûr de cela, vous devez vous poser maintes fois les mêmes questions: «D'où viennent ces choses? D'où vient quoi que ce soit? Quelle est la cause de n'importe quoi et de tout ce que je vois et dont je fais l'expérience?»

Tout et n'importe quoi doit venir de quelque part. Tout – qu'il s'agisse d'un pont, d'un argument, d'une chanson, d'une guerre, d'une maison – doit être le résultat de quelque chose. Et ce quelque chose est la «pensée». La pensée est la première cause. La pensée est la cause de tous les événements dont nous faisons l'expérience dans le monde dans lequel nous vivons.

Je vous prie de réfléchir mûrement à cela jusqu'à ce que vous ayez assimilé la vérité de cette loi. Tous les grands penseurs qui ont existé sur cette terre ont enseigné la loi de cause à effet. Les conclusions de tous les grands métaphysiciens sont toujours les mêmes: *La pensée est la cause. Les expériences et les événements extérieurs sont l'effet*.

C'est la loi mentale la plus importante.

Si vous pouvez comprendre cette loi et en mesurer toute la signification (dans toute la mesure dont vous êtes capable), cette compréhension transformera totalement votre vie.

La pensée est la cause. Les événements extérieurs sont l'effet.

Lorsque vous aurez appris et compris cette loi, lorsque vous l'aurez mise à l'épreuve et que vous vous serez prouvé à vous-même qu'elle est vraie sans l'ombre d'un doute, vous serez en possession de la *«technologie mentale»* dont vous avez besoin pour modifier complètement et radicalement votre vie pour le mieux.

Cette loi est la loi fondamentale de l'esprit. Toutes les lois qui suivent ne sont que des interprétations ou des aspects supplémentaires de cette loi mentale essentielle et fondamentale.

La loi numéro 2:

La loi du libre arbitre

Vous êtes le seul penseur dans votre esprit.

La loi numéro 2:

La loi du libre arbitre

Vous êtes le seul penseur dans votre esprit.

Commentaire

Une fois que vous aurez compris que la pensée est le seul facteur de causalité – en fait le seul facteur déterminant – que la pensée est la raison ou la cause qui influe sur tout ce que vous ressentez, vous comprendrez pourquoi il est tellement important d'apprendre à bien penser.

Vous êtes le seul penseur dans votre esprit, ce qui signifie que personne d'autre ne peut penser à votre place. C'est la plus merveilleuse découverte qu'on ait jamais faite. C'est la clé de la liberté, la voie royale. Votre capacité de choisir à quoi vous allez penser est ce qui fait de vous un individu libre. Si vous ne pouviez pas penser pour vous-même, vous ne seriez pas libre.

Personne ne peut pénétrer dans votre esprit et penser à votre place. Réfléchissez à cela. Les gens peuvent utiliser la force sur le plan extérieur pour obliger d'autres personnes à faire ou à dire un grand nombre de choses. Mais personne ne peut s'introduire dans l'esprit de quelqu'un et penser à sa place.

Une fois que vous aurez compris cela, vous ne pourrez jamais plus dire que vous pensez comme vous le faites parce que le gouvernement vous oblige à le faire, ou parce que votre mari dit que vous devez le faire, ou parce que votre mère dit que vous devez le faire. Peu importe que d'autres décrètent ce que vous devez dire ou faire, vous pouvez quand même choisir de penser ce que bon vous semble.

Et ce fait – que personne d'autre ne peut penser à votre place – est capital pour comprendre la loi du libre arbitre. Étant donné que vous êtes le seul penseur dans votre esprit, vous seul pouvez décider sur quoi vous allez concentrer votre attention. Ce choix est votre plus grand privilège parce que c'est votre choix et uniquement votre choix. Personne d'autre ne peut faire ce choix pour vous. Quoi qu'il se passe autour de vous, quoi que l'on dise autour de vous, vous et vous seul pouvez choisir ce sur quoi vous allez concentrer votre attention.

Vous comprendrez toute la portée de cette loi, la loi du libre arbitre, quand vous la combinerez avec la loi suivante, la loi de la focalisation.

La loi numéro 3:

La loi
de la focalisation

La pensée sur laquelle vous vous focaliserez se développera.

La loi numéro 3:

La loi de la focalisation

La pensée sur laquelle vous vous focaliserez se développera.

Commentaire

Encore une fois, vous êtes doté de la «technologie mentale» nécessaire pour modifier radicalement vos circonstances, votre passé, votre avenir et tous les aspects de votre vie. Cette loi est un autre moyen spectaculaire d'accéder à la liberté parce qu'elle signifie que: *La pensée sur laquelle vous vous focaliserez se développera*.

Il s'agit là d'une découverte d'une grande importance. Étant donné que l'attention est en réalité de l'énergie, cela signifie que vous pouvez stimuler tout point sur lequel vous focalisez votre attention. Votre attention «vivifie» littéralement ou crée, dans le vaste champ de l'énergie infinie ou des pures potentialités, le point sur lequel vous la dirigez.

Une autre façon d'énoncer cette loi est la suivante: *«Mes problèmes ne me dérangent pas si je n'y pense pas.»* Ou bien: *«Je suis tellement occupé à me sentir bien dans ma peau que je n'ai pas le temps de me sentir mal.»* À première vue, ces deux énoncés pourraient sembler ridicules, mais si l'on y pense bien, ils contiennent tous les deux des vérités capitales au sujet de la façon dont l'esprit procède.

Vous êtes votre conscience et rien d'autre. (Posez-vous les questions suivantes: «Est-ce que j'existe si je ne suis pas conscient?» et «Est-ce que je peux exister sans conscience?») Si vous comprenez que vous êtes votre conscience, alors logiquement il faut en conclure que vous devez être et faire l'expérience de ce à quoi vous pensez.

Cela signifie aussi que si vous ne focalisez jamais votre attention sur quelque chose, par exemple sur un prétendu problème, alors le problème n'existe pas vraiment pour vous, quoi qu'en dise qui que ce soit.

C'est là une clé importante du succès dans tous les aspects de la vie parce cela signifie que quelle que soit votre situation, vous pouvez la modifier en changeant le centre de votre intérêt. Ainsi, les hommes et les femmes qui sont dotés de sagesse comprennent à quel point il est capital de prendre le contrôle de leur esprit et de focaliser leur attention sur des objets ou des expériences qu'ils ont choisis eux-mêmes, au lieu d'être ballottés ou influencés par des circonstances extérieures ou par les opinions des autres.

Exemples: C'est vous qui faites le choix

Dans chaque situation, vous pouvez choisir ce sur quoi vous allez diriger votre attention. Voyons quelques autres exemples:

– Vous avez une douleur à l'épaule. Vous pouvez choisir de ne penser qu'à votre épaule ou vous pouvez choisir de penser au reste de votre corps, les 99,9 % de votre corps qui sont parfaitement sains et qui fonctionnent à la perfection.

Étant donné que ce sur quoi vous focalisez votre attention se développe, en focalisant votre attention sur la santé et la force, vous stimulez votre corps et vous permettez à votre système immunitaire de guérir ce qui est à la périphérie du centre de votre attention.

– Votre collègue se plaint de ce qu'il appelle le projet «difficile» auquel vous travaillez tous les deux. Vous pouvez choisir de partager l'opinion de votre collègue, de diriger votre attention sur les difficultés de ce travail et vous lamenter et grogner chaque fois qu'un problème surgit, ou bien vous pouvez choisir de diriger votre attention sur les possibilités et les défis que présente le projet – pour vous-même, pour votre collègue et pour votre entreprise.

Étant donné que ce sur quoi vous focalisez votre attention se développe, votre décision de diriger votre attention sur les possibilités de croissance au lieu des limites du projet réorientera automatiquement toute la situation.

– Une amie intime vous dit que la vie sur cette planète est vouée au désastre. La pollution, l'explosion démographique et la cupidité font rage. Pour elle, l'avenir n'apportera qu'afflictions et calamités. Vous pouvez choisir de penser comme elle et diriger votre attention sur toutes les mauvaises nouvelles annoncées à la télévision et dans les journaux, ou bien vous pouvez choisir de diriger votre attention sur les incroyables percées que fait l'humanité, sur toutes les merveilleuses possibilités que nous apporte la nouvelle technologie, et sur toutes les choses que vous allez faire et que vous pourrez faire en tant qu'individu pour que la planète soit un endroit plus agréable à vivre.

Une fois de plus, étant donné que votre attention va stimuler les pensées sur lesquelles vous vous concentrez, le choix de votre centre d'intérêt est très important. Non seulement pour vous-même, mais pour l'avenir de la vie sur cette planète.

– Vous devez vous rendre à une entrevue d'emploi pour essayer de décrocher le poste de vos rêves. Étant donné que vous voulez vraiment ce poste, vous allez naturellement penser que beaucoup de choses dépendent de cette seule entrevue. Bon, sur quoi allez-vous choisir de focaliser votre attention avant l'entrevue? Penserez-vous uniquement à quel point vous êtes nerveux, à quel point cette entrevue est importante pour vous, combien vous vous sentez intimidé à l'idée de parler de vos points forts, combien il est difficile pour vous de «vendre votre personnalité», etc.? Ou bien allez-vous décider de diriger votre attention sur vos qualifications pour le poste, sur votre enthousiasme au sujet de l'emploi et de l'entreprise?

En fait, la focalisation de votre attention avant l'entrevue donnera les résultats suivants: non seulement vous stimulerez ce à quoi vous pensez, mais votre attention va également déterminer dans une large mesure votre comportement durant l'entrevue, c'est-à-dire si vous serez détendu et calme ou bien nerveux et tendu. Elle déterminera également la facilité avec laquelle vous communiquerez durant l'entrevue. Tout cela, bien évidemment, influera sur le résultat de l'entrevue, c'est-à-dire sur la décision de vous attribuer le poste ou non.

La loi numéro 4:

La loi des pensées dominantes

Vos pensées dominantes déterminent votre réalité.

La loi numéro 4:

La loi des pensées dominantes

Vos pensées dominantes déterminent votre réalité.

Commentaire

Vos types de croyances déterminent votre expérience. La vie que vous menez aujourd'hui est le résultat de vos pensée principales ou de vos opinions au sujet de cette expérience que nous appelons la «Vie». Ces pensées fondamentales ou ces croyances sont vos pensées dominantes, les schèmes de pensée qui définissent vos rapports avec tout ce qui se produit dans cette expérience que nous appelons la «Vie».

Par pensées dominantes, je ne veux pas parler de fantasmes, de caprices ou des idées changeantes que vous avez sur ceci et sur cela. Non, je veux parler de votre façon fondamentale de percevoir et de comprendre la «Vie». Ce sont les idées qui sous-tendent tout ce que vous pensez, tout ce que vous dites et tout ce que vous faites. Vous pourriez aussi dire que ce sont vos idées fondamentales au sujet de la Nature de la Réalité.

Chaque personne, chaque individu, a sa propre façon particulière de percevoir ou d'expliquer la Nature de la Réalité. C'est pourquoi chacun d'entre nous vit aussi dans son propre monde particulier. Cette affirmation peut vous paraître étrange pour commencer, mais une fois que vous aurez assimilé et compris l'idée exposée dans ce livre, vous comprendrez pourquoi elle est vraie.

Les gens ont des idées très différentes sur la Nature de la Réalité ou sur cette expérience que nous appelons la «Vie», et il en résulte qu'ils ont un vécu très différent. Mais quel que soit leur vécu, ils sont la manifestation extérieure de leurs pensées dominantes. Rappelez-vous la première loi mentale: *La pensée est la cause, les événements sont l'effet.*

Exemples

Pour illustrer ce que je veux dire par pensées dominantes ou idées fondamentales au sujet de la Nature de la Réalité, voici quelques exemples:

– **L'Insecte:** Il s'agit là d'une perception totalement matérialiste de la Nature de la Réalité. Les gens qui ont cette perception de la «Vie» voient le monde comme un phénomène purement matériel ou physique. La «Vie» ou la réalité est ce qu'ils peuvent percevoir au moyen de leurs sens physiques, et rien d'autre. Cette version de la réalité ne comporte aucune cause sous-jacente, elle s'est simplement manifestée comme ça. Donc, il n'y a ni ordre ni raison dans les événements qui se produisent.

Pour les individus qui ont cette perception, la vie humaine est identique à celle de l'insecte. Et ils ont souvent le sentiment que la vie n'est faite que de hasards. Pour eux, toute la vie et toutes les expériences ne sont qu'une question de chance. Certaines personnes sont écrasées sans raison valable tandis que d'autres sont chanceuses et mènent une longue vie heureuse. Les chanceux sont les jouets du hasard et l'insecte n'a absolument aucun moyen de contrôler le hasard.

– **Le Dualiste:** Il s'agit ici d'une conception de la «Vie» ou de la Nature de la Réalité selon laquelle deux principes premiers irréductibles coexistent. Les individus qui ont cette perception de la «Vie» focalisent leur attention sur la nature dualiste de l'expérience. Partout où ils se tournent, ils ne voient que le bien et le mal, l'obscurité et la lumière, l'amour et la haine, la maladie et la santé, la pauvreté et la richesse, etc.

Bien entendu, ceux qui ont cette perception souffrent beaucoup, car ils sont perpétuellement renvoyés d'un principe antagoniste à un autre, et ne peuvent échapper à ce va-et-vient. Souvent, les gens qui ont cette perception de la Nature de la Réalité croient que c'est Dieu qui a mis au point ce scénario. Certains d'entre eux sont même convaincus que les difficultés qu'ils subissent sont la punition des péchés qu'ils ont commis.

– **Le Fétichiste:** Il s'agit ici d'une autre version matérialiste/dualiste de la «Vie» que nous avons décrite plus haut. Les individus qui ont ce type de pensée dominante croient que leur destin ou leur destinée dépend de forces extérieures, c'est-à-dire de forces indépendantes de leur volonté. Ces forces comportent des idées ou des concepts tels que l'hérédité, leur horoscope (la position des étoiles et des planètes), leur sexe, leur âge, leur nationalité ou leur instruction. Souvent, les fétichistes décident de chercher dans les forces extérieures un moyen de créer un équilibre et une harmonie dans leur vie.

Ainsi, les fétichistes attribuent le pouvoir à toute une gamme de forces telles que les autres et (ou) les objets ou les phénomènes extérieurs (c'est pourquoi je les appelle des fétichistes).

Ces forces extérieures ou ces personnes pourraient être un docteur, un professeur, le chef d'une secte, la position des planètes, des cristaux et des pierres, des huiles essentielles, des pilules, des choix de couleurs, l'aménagement des maisons et la disposition des meubles (feng shui), un guérisseur, un psychiatre, un régime particulier, un traitement médical, des traitements de médecine douce, etc.

En d'autres termes, le fétichiste est quelqu'un qui attribue la responsabilité de son destin à un individu, un régime, un objet ou un arrangement extérieur à lui-même.

– **L'Alpiniste:** Les personnes qui ont cette perception de la «Vie» ou ce type de pensée dominante sont essentiellement axées sur le succès. Que leur orientation ait tendance à être plus matérialiste ou plus spirituelle, elles croient essentiellement à leur propre pouvoir personnel, à leur valeur et à leur capacité de réussir.

Cette forme de pensée dominante a tendance à privilégier la perception que la Vie est bonne et que les êtres humains ont la capacité de créer une bonne vie pour eux-mêmes et pour leurs familles. Ce type de pensée dominante fait généralement partie de la forme de croyances des gens qui réussissent le mieux dans le monde des affaires, du sport, des arts et du gouvernement.

– **Le Croyant:** Les individus qui ont cette perception de la «Vie» croient généralement qu'il y a une sorte d'ordre ou de sens à la «Vie». Souvent, ils croient en Dieu ou à un Être supérieur bienveillant, et ils ont tendance à croire que les êtres humains font partie d'une évolution ordonnée vers quelque chose de plus élevé et de meilleur.

Bon nombre de croyants croient parfois à la réincarnation, comme les bouddhistes et les hindous, ce qui de toute évidence modifie la perspective qu'ils ont de cette vie. En général, la forme de pensée dominante est la croyance en un pouvoir supérieur qui exerce son influence sur tous les aspects et toutes les circonstances de la vie d'une personne, y compris la façon dont cette personne vivra la grande transition appelée la mort.

Selon votre foi

Bien entendu, j'ai largement exagéré ces scénarios pour faciliter la compréhension de ce que je veux dire. Lorsque vous penserez à ce qui précède, vous découvrirez que les croyances ou les formes de pensée dominante de la plupart des gens que vous connaissez sont en réalité une combinaison de plusieurs scénarios différents.

Ce que je veux dire, c'est que ces formes de croyances fondamentales sont ce qui détermine et définit l'expérience de vie de l'individu. On pourrait dire que la vie est une prophétie qui déclenche l'événement. Ou comme l'a dit notre plus grand maître lorsqu'il vivait sur cette planète: «... Va! Qu'il t'advienne selon ta foi!» (Matthieu 8, 13)

Une fois que vous aurez compris cela et que vous aurez compris que le monde dans lequel vous vivez est le résultat et le reflet de vos propres pensées dominantes au sujet de la «Vie» ou de la Nature de la Réalité, vous aurez découvert un autre moyen important d'améliorer votre vie, de réaliser vos rêves, et d'apporter infiniment plus de Bien dans votre vie.

Les schèmes de pensée collectifs

La loi des pensées dominantes s'applique également à la conscience des groupes et à la conscience collective de l'humanité dans son ensemble. Par groupes, je veux parler de cellules familiales, de tribus, de groupes raciaux et religieux, de régions, d'États et de nations. Les groupes partagent certains types de croyances ou schèmes de pensée dominante.

En réalité, c'est ce qui en fait un groupe. Ce sont leurs croyances communes qui les rassemblent et les maintiennent ensemble. Étant donné qu'ils partagent les mêmes schèmes de pensée dominante, ils présentent des types de comportement semblables et partagent un vécu similaire.

Des guerres éclatent lorsque des groupes entiers partagent les mêmes schèmes de pensée dominante négative tels que «mon groupe (ma tribu, mon pays) est supérieur à votre groupe (votre tribu, votre pays).»

La loi numéro 5:

La loi de l'individualisation

Vous n'avez à vous occuper de rien d'autre que de vos propres pensées.

La loi numéro 5:

La loi de l'individualisation

Vous n'avez à vous occuper de rien d'autre que de vos propres pensées.

Commentaire

Chaque individu est un pôle d'attraction dans la conscience infinie ou le champ d'énergie dans lequel nous vivons tous. Chaque individu est un centre de conscience qui utilise l'Esprit Infini d'une façon qui lui est propre.

Comme nous l'avons appris dans la loi sur les pensées dominantes, chaque individu a ses propres schèmes de pensée, fondamentaux et uniques, au sujet de la nature de la «Vie» ou de la Nature de la Réalité. Lorsque vous combinez cela avec ce que vous avez appris avec la première loi (la pensée est la cause de tout ce dont nous faisons l'expérience), vous comprenez pourquoi chaque individu doit aussi vivre dans son propre monde unique, dans sa propre réalité fondée sur sa perception de ce qu'est la réalité.

En d'autres termes: *Étant donné que la pensée est créatrice, quelle que soit votre perception du monde, elle déterminera la façon dont le monde vous apparaîtra.*

Je suis bien consciente du fait qu'il s'agit là d'une notion assez radicale pour la plupart des gens, mais néanmoins elle est vraie. Le monde dans lequel vous vivez est le résultat de vos pensées dominantes au sujet de la Vie ou de la Nature de la Réalité. (C'est une négation radicale de ce que la plupart d'entre nous avons appris à l'école. La plupart d'entre nous avons appris qu'il y a un monde objectif matériel qui existe à l'extérieur de nous-mêmes et qui est commun à tous. Cependant, la science a déjà prouvé qu'il en est autrement).

Selon la physique quantique, nous vivons tous dans un immense champ d'énergie et nous en faisons partie. Chaque individu est simplement un point de concentration de conscience au sein de ce champ. Toujours selon la physique quantique, tous les phénomènes, qu'il s'agisse d'êtres humains ou d'objets prétendument inanimés, sont constitués de la même énergie. C'est-à-dire, que tout – vous, moi, nos maisons, nos ordinateurs, nos voitures, les aliments que nous mangeons – tout, peut être ramené aux mêmes unités de base ou composants appelés atomes. Ces atomes peuvent être fractionnés encore en particules subatomiques que l'on peut ensuite subdiviser en ondes d'énergie.

À ce niveau de perception, toute la création est un vaste champ d'énergie, une vaste entité unifiée. Ce que nous appelons la Vie est ce qui «jaillit» de ce champ *à cause de* la focalisation de notre attention. Le champ lui-même, ce vaste champ d'énergie, contient toute l'expérience étant donné que c'est tout ce qui existe. Ainsi, c'est la nature de notre attention qui détermine la nature de notre expérience.

C'est pourquoi *vous n'avez à vous occuper de rien d'autre que de vos propres pensées*. Tout ce dont vous faites l'expérience est le résultat de vos propres pensées dominantes et de la focalisation de votre attention. Tout ce dont vous faites l'expérience dans ce monde est le résultat de votre focalisation et de votre compréhension du vaste champ d'énergie dans lequel tous les êtres vivent, agissent et sont.

Comprendre cette loi est un autre aspect extrêmement important de la «technologie mentale», parce qu'en la comprenant nous accédons à la liberté. Un des messages ici est le suivant: *Si vous n'aimez pas le monde dans lequel vous vivez, vous pouvez changer ce monde en changeant vos pensées.*

La loi numéro 6:

La loi de la création

Étant donné que vous ne pouvez pas cesser de penser, vous êtes toujours en train de créer.

La loi numéro 6:

La loi de la création

Étant donné que vous ne pouvez pas cesser de penser, vous êtes toujours en train de créer.

Commentaire

Lorsque nous comprenons que la pensée est la cause, que la pensée crée notre réalité, nous commençons à nous rendre compte aussi à quel point il est important d'examiner nos processus de pensée. Une des premières choses que nous découvrons, c'est que nous pensons tout le temps. Et non seulement pensons-nous tout le temps, mais la plupart d'entre nous ne contrôlons pas l'objet de nos pensées.

En fait, nos pensées sont comme un train qui n'a plus de freins, elles s'enchaînent au hasard et de façon aléatoire, contrôlées principalement par les influences que nous recevons du milieu dans lequel nous nous trouvons. Par exemple, ce que les gens disent ou ce qu'ils font, ce que nous regardons à la télévision, ce que nous écoutons à la radio, ce que nous lisons dans les journaux, etc. Il est très rare de rencontrer quelqu'un qui choisit consciemment ce à quoi il va penser.

Étant donné que la plupart des gens ne contrôlent pas leur esprit, on peut en déduire que la plupart des gens ne contrôlent pas non plus leur vie. Ce qui signifie qu'ils font probablement l'expérience d'une réalité qu'ils n'ont pas consciemment choisie et mènent une vie qui est loin d'être celle qu'ils désirent. Mais qui faut-il blâmer? Étant donné que ce sont leurs propres pensées désordonnées qui créent leur vie, ce sont eux qu'il faut blâmer!

Cette absence de contrôle mental explique pourquoi tant de gens se sentent «victimisés», c'est-à-dire qu'ils ont le sentiment de n'avoir aucun contrôle sur leur vie. Et c'est vrai, ils n'ont aucun contrôle sur leur vie. Maintenant que vous avez commencé à comprendre les lois mentales, il est facile d'en comprendre la raison.

Vous devez contrôler vos pensées afin de contrôler ce que vous allez manifester dans votre vie. Car toute pensée est créatrice.

La loi est impersonnelle

Mais rappelez-vous que les lois mentales sont impersonnelles, tout comme les lois physiques. Cela veut dire que même si vous êtes une personne très bien, une personne vraiment bonne, vraiment honnête, si vos pensées sont négatives ou qu'elles vous limitent, les résultats (c'est-à-dire votre vie) seront également négatifs ou vous limiteront. La «technologie mentale» nous enseigne que la loi se manifeste perpétuellement. Donc, que vous en ayez pris conscience ou pas, votre pensée est constamment en train de créer quelque chose, parce qu'elle doit le faire... parce que *la pensée est créatrice.*

Rappelez-vous qu'il s'agit là d'une force naturelle comme l'électricité. Dans le cas de l'électricité, cela signifie que même si vous êtes une personne extrêmement gentille, si vous mettez le doigt dans une prise, vous allez recevoir un choc. Ceci est attribuable au fait que le courant électrique est une force de la nature impersonnelle; elle n'est pas du tout concernée par qui vous êtes ou à quel point vous êtes gentil. Si vous touchez un fil électrique sous tension, vous recevrez un choc électrique parce que la loi est ainsi faite.

Les lois mentales sont similaires aux lois physiques; elles sont également impersonnelles et constantes. C'est pourquoi, que vous soyez ou non une bonne personne, si vous pensez de façon désordonnée, cette pensée désordonnée créera des circonstances désordonnée.

Ce phénomène impersonnel explique pourquoi tant de personnes bonnes et honnêtes croient qu'elles sont victimes de circonstances extérieures imprévisibles. Malheureusement, elles ne sont pas conscientes de la façon dont l'esprit fonctionne. Si elles comprenaient comment leur esprit fonctionne, elles sauraient qu'elles ne sont pas victimes de circonstances extérieures, mais de leur propre façon de penser!

Donc, nous voyons encore une fois l'importance de comprendre la «technologie mentale» et les lois mentales. Quand vous découvrirez que vous ne pouvez pas cesser de penser, quand vous prendrez conscience du fait que vous pensez tout le temps, vous verrez pourquoi votre tâche la plus importante – et la tâche la plus importante de l'humanité tout entière – est d'exercer un contrôle sur le processus de la pensée.

Expérience: Cessez de penser

Si vous ne me croyez pas quand je dis que vous ne pouvez pas cesser de penser même si vous le voulez, faites une expérience. Essayez de cesser de penser durant 5 minutes.

Voici ce que vous devez faire: consacrez 5 minutes à cette expérience. Asseyez-vous calmement sur une chaise et prenez la décision de cesser de penser durant les 5 prochaines minutes. Commencez par vous détendre et par vous concentrer sur votre respiration. Observez-vous pendant que vous inspirez et que vous expirez. Tâchez ensuite de faire cela pendant 5 minutes sans penser à rien.

La plupart des gens ne dépassent pas une ou deux inspirations avant de découvrir qu'ils pensent à ce que leur patron leur a dit au bureau aujourd'hui, à ce que le héros a fait dans le dernier film qu'ils ont vu hier soir, à ce qu'ils ont oublié d'acheter au supermarché ce matin, à l'endroit où ils vont aller passer leurs vacances cet été, à ce que leur conjoint leur a dit au lit hier soir, etc.

À tout le moins, ce simple exercice vous convaincra rapidement du pouvoir de votre esprit et du processus de la pensée. Il vous convaincra également de la validité de l'énoncé suivant: *Vous pensez constamment.*

À moins de faire régulièrement de la méditation (c'est-à-dire calmer votre esprit) depuis très longtemps, vous découvrirez probablement que vous ne pouvez pas arrêter ce dialogue intérieur quoi que vous fassiez. Bref, cette expérience vous montrera à quel point vous contrôlez (ou ne contrôlez pas) votre esprit.

La loi numéro 7:

La loi de l'émotion

Vous ne pouvez pas ressentir une émotion sans avoir d'abord une pensée.

La loi numéro 7:

La loi de l'émotion

Vous ne pouvez pas ressentir une émotion sans avoir d'abord une pensée.

Commentaire

Selon cette loi importante: La pensée précède l'émotion.

À ce moment dramatique de l'histoire humaine, les émotions violentes dominent le comportement humain, causant le manque d'harmonie dans les vies des individus et entraînant des guerres et des conflits tout autour du globe. Malheureusement, la plupart des gens sont menés par leurs émotions. Ils ressentent une émotion et se comportent en conséquence. Ils n'ont pas encore pris conscience du fait qu'ils peuvent utiliser leur esprit pour choisir et contrôler leurs émotions. Au lieu de cela, ils sont les victimes de leurs propres émotions parce qu'ils ne comprennent pas le mécanisme ou la «technologie mentale» qui sous-tend leurs émotions.

Selon la «technologie mentale», le vrai rapport entre la pensée et l'émotion est que *la pensée précède les émotions*. Cela signifie que vous ne pouvez pas ressentir une émotion avant d'avoir d'abord une pensée. Je vous prie de réfléchir soigneusement à ceci. Lorsque vous comprendrez cette loi, vous verrez que vous ne pouvez pas être en colère sans avoir eu d'abord une pensée de colère. Et que vous ne pouvez pas être triste non plus sans avoir eu d'abord une pensée triste. Vous ne pourrez pas non plus vous sentir aimant et bon sans avoir eu d'abord des pensées bonnes et aimantes.

Pour la plupart des gens, cette prise de conscience est une véritable révélation. Étant donné que la plupart des gens sont menés par leurs émotions, reconnaître et comprendre cette loi et la façon dont fonctionne ce mécanisme – tant en eux-mêmes que chez les autres – exige une grande expansion de la conscience et de la prise de conscience de soi-même.

Expérience: L'observation

Essayons cette expérience pour examiner le rapport esprit-émotion-corps.

Pour faire vous-même l'expérience de ce rapport, je vous suggère de vous asseoir calmement en vous isolant durant quelques instants et d'essayer ce qui suit et qui ne vous prendra qu'une minute ou deux. Commencez par fermer les yeux et prenez quelques inspirations profondes.

- Le **Citron**: Commencez par imaginer que vous mangez un citron. Que se passe-t-il lorsque vous faites cela? La simple idée de mettre dans votre bouche un citron aigre déclenchera immédiatement une réaction physique dans votre esprit. Votre bouche se contracte et vous commencez à saliver. Tout cela se produit en dépit du fait qu'il n'y a pas de citron. Penser simplement à un citron suffit pour déclencher cette réaction physique concrète dans votre corps.
- Le **Salaud**: Maintenant, continuez cet exercice et pensez à quelqu'un qui, selon vous, vous a fait énormément de mal.

Repensez pour un moment à tous les torts que cette personne vous a faits. Quelles émotions ressentez-vous? Quels symptômes physiques est-ce que cela déclenche en vous? Votre cœur bat-il plus rapidement? Avez-vous chaud? Êtes-vous en colère? Ressentez-vous de la haine? de la rage? de la tension? Avez-vous le sentiment que tout votre corps se contracte? Observez-vous – observez vos émotions et votre corps – pendant que vous pensez à tout cela.

– L'**Ange**: Maintenant, pensez à quelqu'un qui vous aime profondément. Quelqu'un qui vous a toujours bien compris et soutenu. Quelqu'un qui voit vraiment toutes vos qualités. Que ressentez-vous maintenant? Quelles émotions est-ce que cela déclenche en vous? Et quels symptômes physiques est-ce que ces émotions déclenchent? Vous sentez-vous tout d'un coup beaucoup plus calme? Avez-vous le sentiment que votre poitrine s'élargit, un sentiment de détente dans tout votre corps? Est-ce que vous vous sentez bien, heureux et détendu?

Maintenant, vous avez constaté qu'il suffit simplement d'avoir trois pensées très différentes pour déclencher et faire l'expérience de trois émotions et d'états physiques très différents. Continuez à observer votre comportement et celui des autres jusqu'à ce que vous compreniez le vrai rapport entre esprit-émotion-corps.

L'ordre des phénomènes

La séquence ou l'ordre dans lequel les phénomènes se manifestent est toujours le suivant: pensée d'abord, ensuite réaction émotive, et ensuite réaction physique. Ceci explique pourquoi les médiums et les clairvoyants sont capables de prédire les futures maladies: parce qu'ils peuvent «voir» le déséquilibre émotionnel avant que ne se manifeste le déséquilibre physique, c'est-à-dire la maladie. Bref, le déséquilibre émotionnel précède toujours les symptômes physiques.

Et maintenant que nous savons que la pensée est le facteur de causalité qui sous-tend les émotions, nous avons là une indication importante qui nous permet de guérir la maladie. (Naturellement, la psychologie moderne est fondée sur ce principe). Par le terme pensée, je ne veux pas nécessairement dire des pensées. Je ne veux pas dire qu'une personne tombe malade parce qu'elle pense qu'elle va tomber malade. De toute évidence, personne ne fait cela. Je veux dire plutôt que les pensées dominantes de l'individu ou les schèmes de base de la pensée ne sont pas harmonieux, ce qui aboutit d'abord à une détresse émotionnelle et peut-être plus tard à des symptômes physiques.

Un facteur essentiel de paix

La loi de l'émotion est un autre aspect crucial de la «technologie mentale» pour l'humanité. Et elle est absolument capitale pour créer la paix dans nos relations avec les autres ainsi que sur terre.

Réfléchissez donc mûrement à cette loi et rappelez-vous la première loi de cause à effet. Ensuite, réfléchissez à la deuxième loi du libre arbitre. Il est essentiel de bien comprendre ces lois afin de pouvoir utiliser votre esprit pour contrôler vos émotions. C'est la prochaine étape dans l'évolution de l'humanité. C'est ce que tous les maîtres veulent dire lorsqu'ils parlent de maîtrise de soi. Prendre le contrôle de ses émotions, c'est la clé de la paix sur terre.

Donc, en dépit de ce que bon nombre de gens disent: *Nous n'avons pas besoin de plus d'émotions, nous avons besoin d'une pensée plus claire.*

La loi numéro 8:

La loi de la substitution

Vous ne pouvez changer votre façon de penser qu'en remplaçant les anciens schèmes de pensée par de nouveaux.

La loi numéro 8:

La loi de la substitution

Vous ne pouvez changer votre façon de penser qu'en remplaçant les anciens schèmes de pensée par de nouveaux.

Commentaire

Comme nous l'avons constaté, vous pensez constamment. Nous avons aussi constaté que vous ne pouvez pas vous arrêter de penser simplement par l'effet de la volonté. Quelque chose d'autre est nécessaire, par exemple la méditation ou d'autres techniques efficaces pour calmer l'esprit.

Maintenant que nous savons que vous pensez constamment, nous pouvons en déduire que vous êtes en train de penser à quelque chose tout le temps. Autrement dit, la nature de l'esprit est de penser à quelque chose. C'est également la nature de l'esprit de penser selon des schèmes de pensée fixes et habituels.

Si vous commencez à observer vos schèmes de pensée, vous découvrirez que certains types d'événements déclenchent habituellement certains schèmes de pensée en vous. Et une fois que votre esprit commence à aller dans un sens particulier, il semble qu'il continue dans cette direction jusqu'à ce que quelque chose d'autre surgisse et attire votre attention.

C'est pourquoi il est tellement difficile de vous dire d'arrêter de penser de façon négative. Tout d'abord, nous savons que vous ne pouvez pas vous donner l'ordre de cesser de penser. Votre esprit ne procède pas de cette façon. Et deuxièmement, nous savons que l'esprit suit souvent des schèmes de pensée familiers et que la pensée négative n'est qu'une mauvaise habitude mentale, généralement acquise durant l'enfance.

La solution

Alors quelle est la solution?

Voici comment le principe de la substitution peut vous aider. Si vous vous dites qu'il faut arrêter de penser à quelque chose, ce que vous faites en réalité c'est focaliser votre attention sur cette chose, ce qui veut dire que vous y pensez encore plus. Donc, cela ne vous aidera pas de vous dire: *«Je dois cesser de penser de façon négative à quelque chose.»* Mais si vous vous servez de votre libre arbitre et que vous dirigez vos pensées vers quelque chose d'autre, vers quelque chose de complètement différent, vous pouvez remplacer la pensée négative par une autre pensée, par exemple par une pensée positive.

Voici un exemple: Si je vous dis de cesser de penser à la tour Eiffel à Paris, quelle est la première chose que vous allez faire? Vous penserez à la tour Eiffel, ce qui est exactement ce que vous ne voulez pas faire. Mais si je vous parle de crème glacée à la fraise, eh bien vous ne penserez plus à la tour Eiffel, n'est-ce pas? Maintenant vous pensez à la crème glacée à la fraise. En d'autres termes, vous avez été soudainement capable de maîtriser votre esprit en remplaçant une pensée par une autre pensée.

Donc, d'après cette loi, la façon scientifique de traiter n'importe quelle condition négative est de renforcer la condition opposée dans votre conscience en substituant un schème de pensée à un autre.

Ceci est un outil très important lorsqu'il s'agit de prendre le contrôle de votre esprit. Si vous comprenez ce mécanisme, vous avez la clé de la maîtrise de votre esprit et vous pourrez changer vos schèmes de pensée, si négatifs soient-ils pour le moment.

La loi numéro 9:

La loi des équivalents mentaux

«Qui se ressemble s'assemble.»

La loi numéro 9:

La loi des équivalents mentaux

«Qui se ressemble s'assemble.»

Commentaire

Une grande partie des techniques mentales actuelles est fondée sur la loi des équivalents mentaux. D'après cette loi, nous devons avoir l'équivalent mental inconscient de ce «bien» que nous souhaitons voir sur le plan extérieur. Dans cette optique, vous ne pouvez pas connaître la prospérité avant d'avoir intégré consciemment la notion de prospérité.

Cette intégration consciente de la notion de prospérité précède l'arrivée de l'argent à la banque. De même, vous ne pouvez pas être en bonne santé à moins de prendre conscience de la santé. Vous ne pouvez pas faire l'expérience de l'amour, à moins d'avoir pris conscience de l'amour, etc.

Selon cette loi, toutes nos expériences extérieures sont l'équivalent de nos états d'esprit ou de conscience intérieurs. Souvent, nous ignorons les schèmes de pensée les plus profonds qui sont dans notre subconscient. Ces schèmes de pensée sont soit nos pensées dominantes (voir la loi des pensées dominantes), soit des pensées qui y sont étroitement liées ou qui en découlent.

Voici une autre façon d'énoncer cette loi: *«Qui se ressemble s'assemble»*. En général, si vous commencez à observer les gens autour de vous, vous vous apercevrez que ceux qui sont en colère font très souvent des expériences qui suscitent la colère.

Tout comme les individus qui sont vraiment bons et aimants reçoivent des manifestations de cette bonté et de cet amour partout où ils vont, de même l'homme ou la femme qui a intégré consciemment la notion de prospérité est prospère et ceux qui ont une conscience saine sont en bonne santé, etc.

Les techniques mentales

Les techniques mentales telles que les exercices d'affirmations et de visualisation sont fondées sur cette loi. Les deux techniques visent à reprogrammer le subconscient et à aider les gens à développer de nouveaux schèmes mentaux et de nouveaux équivalents mentaux en intégrant dans le subconscient de nouvelles pensées dominantes. Au moyen de la répétition constante, le subconscient finit éventuellement par accepter les nouveaux schèmes de pensée.

Lorsque cela se produit, les événements et les expériences qui surviennent dans le monde extérieur doivent changer et s'aligner sur les nouveaux schèmes de pensée. Autrement dit, l'équivalent des nouveaux schèmes mentaux se manifestera. (Pour de plus amples explications sur les techniques d'affirmations et de visualisation, voir mon livre *Ces forces en soi, «fast-food» pour l'âme**).

La prière de la gratitude est probablement le type d'affirmation mentale le plus fort. En remerciant, vous prouvez que vous avez intégré l'équivalent mental de cette «chose» qui pour le moment est encore invisible (non manifestée). L'attitude de la gratitude prouve également que vous avez bien compris la loi suivante.

---

* Publié aux éditions Un monde différent ltée.

La loi numéro 10:

La loi de la manifestation

Les pensées sont des choses.

La loi numéro 10:

La loi de la manifestation

Les pensées sont des choses.

Commentaire

Cette loi nous aide à franchir un pas de géant en avant qui nous permet de comprendre les phénomènes et nous enseigne qu'il n'y a pas de différence entre la cause et l'effet. En fait, la cause et l'effet sont une seule et même chose. Au début, cela pourrait être difficile à comprendre. Mais si vous éliminez le *facteur temps,* vous comprendrez pourquoi c'est vrai.

Si vous faites abstraction du temps, qui est un processus que l'on retrouve dans tout, vous verrez que la cause et l'effet sont identiques. Et en y réfléchissant encore un peu, vous constaterez qu'*ils doivent être identiques*! Rien d'autre n'est possible. C'est pourquoi maintenant nous voyons que les *pensées sont des choses*. C'est la loi de la manifestation.

Selon cette loi, étant donné que les pensées sont des choses, le contraire doit également être vrai, c'est-à-dire que les choses doivent aussi être des pensées. Ce qui signifie que vous pouvez découvrir la nature de la cause en examinant l'effet, puisqu'ils sont une seule et même chose.

Par ailleurs, ce principe même est démontré par les lois physiques que nous avons exposées au commencement de ce livre. Les graines de radis produisent toujours des radis. Elles ne produisent jamais de fraises. Toute la plante du radis est inhérente à la graine. La seule différence entre la graine et le radis est le facteur temps.

À partir de cette loi, nous pouvons déduire toute la signification de la «technologie mentale» et de la bonne façon de penser. Ainsi, selon cette loi, si nos pensées sont bonnes et harmonieuses, la manifestation ou le résultat sera également bon et harmonieux. Ce qui nous amène à la mise en application pratique de la «technologie mentale».

Les mécanismes de la création

Comment se produit-elle? Quels sont les mécanismes de la création? Comment ce qui n'est pas manifeste devient-il manifeste? La théorie de la relativité ($E=mc^2$) d'Albert Einstein démontre que l'énergie et la masse sont identiques et interchangeables. Les savants nous disent que la pensée est le mécanisme de la création: le lien entre l'énergie et la masse, entre ce qui n'est pas manifeste et ce qui est manifeste.

En fait, qu'est-ce qu'une pensée? La pensée est intention et attention. La pensée organise l'énergie et l'information. Autrement dit, la pensée organise le champ infini de l'énergie qui – sans la pensée – n'est qu'un potentiel illimité.

On peut dire que la pensée n'introduit rien dans le champ, mais plutôt qu'elle sort quelque chose hors du champ – en limitant et en définissant le champ. Sans la pensée, ce champ n'est simplement que pure potentialité. C'est la pensée (ou intention et attention) qui organise et fait jaillir la création manifeste hors de ce qui n'est pas manifeste (le champ d'énergie infinie).

Ce qui explique la séquence suivante:

D'abord la pensée. La contemplation de l'Esprit Infini.

Deuxièmement, la Parole. Son, discours, vibration. La pensée exprimée. Chaque pensée possède un son ou une vibration. Le son et la vibration de la pensée sont la technologie de la manifestation.

La manifestation. La différenciation est causée par la fréquence de la vibration. Chaque être, chaque chose, chaque création, chaque dimension a sa propre fréquence de vibration particulière.

Tout comme l'Esprit Infini contemple et utilise le son pour créer dans l'universel, ainsi l'homme pense et utilise le discours et les fréquences de vibration pour diriger son propre monde. Qu'il s'agisse d'un processus conscient ou inconscient, il se déroule constamment.

DEUXIÈME PARTIE: L'APPLICATION

COMMENT UTILISER LA TECHNOLOGIE MENTALE

La connaissance de la «technologie mentale» – c'est-à-dire connaître et comprendre les lois mentales et les principes décrits dans la première partie de cet ouvrage – n'est que la première étape en vue de devenir un individu libre et maître de son destin.

L'étape suivante consiste à apprendre l'application de cette «technologie mentale» et à l'utiliser dans votre vie quotidienne. Tant que vous ne serez pas capable d'utiliser ces lois de façon positive et constructive, vous en serez toujours l'esclave. En d'autres termes, vous êtes encore victime de leur activité et de leur influence sur votre vie. Mais comme je l'ai dit précédemment, vous devez reconnaître et comprendre une loi pour pouvoir l'utiliser.

Ensuite, l'ayant comprise, vous pouvez commencer à diriger le mouvement de vos propres pensées afin de pouvoir travailler en harmonie avec ces lois pour obtenir les résultats que vous désirez. Lorsque cela se produit, les mêmes lois ou principes qui auparavant semblaient vous maintenir en esclavage et limiter votre bonheur – sans que vous en compreniez la raison – deviennent soudainement votre clé vers la liberté.

C'est que, maintenant, vous savez comment votre esprit procède.

La section suivante de cet ouvrage est conçue pour vous donner des méthodes pratiques qui vous permettront d'utiliser la «technologie mentale» dans votre vie.

Pour simplifier les choses, j'ai divisé cette section en quatre parties:

Première étape: Identifiez vos pensées dominantes et vos schèmes mentaux

Deuxième étape: Alignez vos pensées dominantes sur la Nature de la Réalité

Troisième étape: Le traitement mental

Sommaire: Un logiciel pour votre cerveau

Première étape

Identifiez vos pensées dominantes et vos schèmes mentaux

Première étape

Identifiez vos pensées dominantes et vos schèmes mentaux

Vous êtes probablement en train de lire ce livre parce que vous savez au fond de vous-même que la Vie pourrait et devrait être meilleure: votre propre vie et celle de nous tous sur cette planète. Et ceci, en dépit de la qualité de vie que vous avez déjà. Vous savez qu'elle peut être encore meilleure. C'est là quelque chose que nous savons tous. Chacun d'entre nous.

Maintenant, vous savez aussi que les lois que j'appelle «technologie mentale» peuvent vous aider – et peuvent nous aider tous – à créer cette Vie meilleure pour nous-mêmes et pour le monde qui est notre demeure.

Pour commencer votre programme intensif en vue de changer votre vie, c'est généralement une bonne idée de prendre un peu de recul et de déterminer les schèmes de vos pensées dominantes.

Questionnez-vous

Pour faire ceci, essayez de vous poser les questions suivantes:

- *«Jusqu'à maintenant, quelle a été ma perception de la Nature de la Réalité? Autrement dit, quelles sont mes pensées dominantes au sujet de la Vie?»*
- *«Y a-t-il un rapport entre cette perception de la Nature de la Réalité et la vie que j'ai menée jusqu'à ce jour?»*
- *«Quelle est ma vision de mon avenir? Est-ce que je prévois un avenir brillant, une bonne santé, des succès, de l'amour et de l'abondance pour moi-même? Ou est-ce que je prévois des difficultés, des problèmes financiers, une mauvaise santé pour moi-même à l'avenir? Et sur quoi ces prévisions sont-elles fondées?»*

– *«Quelle est ma vision de l'avenir de notre planète? Est-ce que l'avenir de l'humanité est un avenir prometteur et prospère, avec des êtres humains en bonne santé et pleins d'amour fraternel? Ou bien est-ce que je prévois la guerre, la pollution, la maladie et la destruction? Et sur quoi ces prévisions sont-elles fondées?»*

Bien entendu, il s'agit là de questions générales pour vous pousser à examiner les schèmes de vos pensées dominantes. À mesure que vous commencerez à travailler à la découverte et à la modification de vos schèmes de pensée, vous découvrirez que la plupart de vos comportements mentaux sont fondés sur l'habitude. Il existe plusieurs méthodes efficaces aujourd'hui qui peuvent vous aider à observer et à déterminer vos schèmes mentaux.

Lorsque vous aurez découvert vos propres schèmes de pensée, il existe plusieurs bonnes méthodes telles que les exercices d'affirmations et de visualisation que vous pourrez utiliser pour acquérir de nouvelles habitudes mentales et reprogrammer votre subconscient. J'ai décrit ces méthodes en détail dans mon livre intitulé *Ces forces en soi, «fast-food» pour l'âme.*

Le régime mental de 7 jours

Le régime mental de 7 jours est une excellente méthode qui permet de découvrir et d'observer vos schèmes mentaux. C'est un exercice très simple, mais il est beaucoup plus difficile et révélateur qu'on le pense.

Voici ce qu'il faut faire: Durant 7 jours, vous n'avez pas le droit de vous permettre n'importe quel type de pensée négative! Autrement dit, vous allez vous soumettre à un régime «mental», ce qui signifie que vous allez éliminer tous les types de pensée négative.

En quoi consiste la pensée négative? La pensée négative est toute pensée qui est négative, critique, pessimiste, méchante ou triste. Lorsque vous êtes au régime, vous devez absolument éliminer toutes les pensées qui appartiennent à cette catégorie, durant 7 jours.

Votre première réaction sera probablement de penser que cela est impossible et qu'il vous faudra vivre dans un vide total. Mais ce n'est pas le cas. Tout le but du régime mental est celui-ci: même si vous ne pouvez pas contrôler les pensées que vous recevez du monde extérieur, vous pouvez contrôler à quoi vous choisissez de penser. C'est-à-dire que même si vous ne pouvez pas contrôler ce que les autres vous disent, ou les pensées qui surgissent dans votre tête durant le cours d'une journée, *vous pouvez contrôler les pensées sur lesquelles vous décidez de vous attarder*.

Rappelez-vous la loi numéro 2: *Vous êtes le seul penseur dans votre esprit*. Donc vous, et vous seul, êtes celui qui décide à quoi vous allez penser. Est-ce que vous profitez de ce privilège exclusif? Dans l'affirmative, le régime mental sera facile parce que vous en êtes responsable. Lorsque vous suivez le régime mental, chaque fois qu'une pensée négative pénètre dans votre esprit, vous vous en débarrassez immédiatement.

Dans la mesure où vous vous débarrassez immédiatement des pensées négatives et que vous passez à des pensées positives et constructives, vous êtes encore en train de faire le régime mental. Vous vous écartez du régime, pour ainsi dire, si vous commencez à vous attarder sur l'une des pensées négatives qui vous vient à l'esprit.

Quant à savoir ce qu'est une pensée négative, c'est n'importe quelle pensée qui est critique (de vous-même ou des autres), n'importe quelle pensée qui a trait à la peur, la tristesse, la dépression, qui est destructrice, qui est nuisible, méchante ou coléreuse. Vous n'aurez aucun doute lorsqu'une pensée négative vous viendra à l'esprit.

Mais encore une fois, il est indispensable pour faire le régime d'éliminer immédiatement toute pensée négative dont vous prenez conscience et de la remplacer par une pensée bonne, positive et constructive. (Voyez la loi numéro 8: La loi de la substitution, pour l'explication de ce mécanisme).

Maintenant, vous pouvez comprendre pourquoi je dis que cet exercice est tellement révélateur et qu'il représente un excellent moyen de découvrir vos schèmes de pensée habituels.

La méditation

La méditation est également un excellent instrument lorsqu'il s'agit d'observer le fonctionnement de votre esprit et d'explorer la nature de la conscience. Comme je l'ai expliqué précédemment dans ce livre (à la loi numéro 6, la loi de la création, à la section intitulée *Expérience: Cessez de penser*), l'esprit est infiniment plus puissant que la plupart d'entre nous l'imaginons.

Il existe plusieurs excellentes méthodes de méditation conçues dans différents buts. Lorsqu'il s'agit d'observer la façon dont votre esprit procède, la technique de base qui consiste simplement à rester assis calmement dans une position confortable et à observer votre respiration est un bon point de départ.

Lorsque vous serez assis calmement et que vous vous concentrerez sur votre respiration, vous commencerez à observer votre esprit. Vous commencerez à voir qu'il y a une différence entre vous, l'observateur, et vos pensées. Vos pensées vont et viennent. Vos pensées changent tout le temps. Mais vous, l'observateur, le témoin, vous êtes là tout le temps. Vous êtes là que vos pensées soient gaies ou tristes. Vous êtes là que vos pensées concernent le temps qu'il fait, votre vie amoureuse, votre compte en banque ou votre machine à laver en panne. Vous – votre conscience – êtes là tout le temps.

C'est là une découverte très importante car quand vous vous rendrez compte que vous êtes l'observateur conscient, et non pas les pensées elles-mêmes, vous comprendrez pourquoi vous avez le pouvoir de changer vos pensées.

Pour plus de renseignements au sujet de la méditation et d'exemples sur les méthodes faciles et efficaces, veuillez consulter mon guide de la méditation à la portée de tous: *Gateway to Grace*.

Deuxième étape

Alignez vos pensées dominantes sur la Nature de la Réalité

Deuxième étape

Alignez vos pensées dominantes sur la Nature de la Réalité

Tant que l'on utilise la «technologie mentale» dans un but égoïste ou pour manipuler des individus et des situations, les résultats seront décevants et se solderont par des échecs. C'est que l'univers est indéréglable. Même si la Nature de la Réalité est bonne, comme nous allons le voir dans un moment, tout dans l'univers fonctionne en vertu d'une loi impersonnelle.

En somme, c'est une autre façon de dire que la Vie, en ce qui nous concerne, est gouvernée par la loi de cause à effet. Cela signifie que si la focalisation de l'individu est limitée, les résultats seront également limités. Les lois mentales que nous avons exposées à la première partie de cet ouvrage expliquent pourquoi il en est ainsi.

Le vrai succès et la liberté se manifestent lorsque, ayant compris ces lois mentales ou la «technologie mentale», on combine cette connaissance avec l'alignement de sa conscience sur la Nature de la Réalité, qui est synonyme du Plus Grand Bien. Lorsque cela se produit, toute la création se met en œuvre et agit en vous et à travers vous pour vous faire atteindre le Bien souhaité.

Pourquoi cela se passe-t-il ainsi et qu'est-ce que je veux dire par la Nature de la Réalité?

La Nature de la Réalité

Durant toute l'histoire de notre planète, la plupart des penseurs et des chefs spirituels les plus avancés ont convenu que la création est l'œuvre d'une Force, d'un Pouvoir, d'une Divinité ou d'un Être Suprême. Cet Être Suprême est souvent appelé Dieu, le Créateur, notre Père Céleste, le Tout-Puissant, Allah, Brahmā, etc., mais quel que soit le nom que les gens choisissent d'attribuer à cette Force ou à ce Pouvoir, il est la Cause de toute la création.

Pour simplifier les choses, nous allons appeler cette Force qui insuffle la vie et qui est à la base de toute création l'«UNIQUE».

Étant donné que cet UNIQUE a créé tout ce qui existe, nous pouvons en déduire que cet UNIQUE doit aussi être tout ce qu'il y a. En d'autres termes, cet UNIQUE doit être toute l'existence – ou la Vie elle-même. Et, puisque rien d'autre n'existe que cet UNIQUE, cet UNIQUE doit par conséquent être tout, toute la création.

À partir de ce raisonnement, nous pouvons conclure qu'étant donné que l'UNIQUE est la seule Vie qui existe, cet UNIQUE doit être partout et en tout. Donc cet UNIQUE, qu'un bon nombre d'individus appellent Dieu, Notre Père, est la Force qui insuffle la Vie à toute la création. Autrement dit, cet UNIQUE est la Cause Première, c'est-à-dire la Cause et l'Origine de toute création. Nous ne pouvons pas remonter dans le temps plus loin.

L'UNIQUE

Étant donné que cet UNIQUE est la Cause Première et l'Origine de tout ce qui existe, cela signifie qu'il n'y a pas de force opposée. Il n'y a rien dans l'existence que cet UNIQUE. C'est là un point qu'il est extrêmement important de comprendre, et toute autre compréhension est fondée sur la compréhension de ce concept.

Donc, je le répète: Étant donné qu'il n'y a qu'un UNIQUE, la Cause Première et l'Origine, une seule Vie UNIQUE et une UNIQUE Force d'animation ou Dieu, cela signifie qu'il n'y a pas de force opposée. S'il y avait une force opposée, cela voudrait dire qu'il n'y a pas d'UNIQUE mais plutôt deux entités.

Cette idée d'UNIQUE est également confirmée par la physique quantique et la théorie du champ unitaire. D'après les dernières recherches scientifiques, toute la création manifeste est un vaste champ d'énergie. Selon les physiciens, les atomes dont vous êtes composé, dont je suis composé et dont tout dans notre monde est composé, sont tous identiques et interchangeables. Et ces atomes identiques et interchangeables sont faits des mêmes particules subatomiques identiques et interchangeables que l'on peut fractionner en ondes d'énergie. Ces ondes d'énergie sont ce qui forme le champ unitaire interconnecté, qui donne lieu à toute la création.

Explorons donc certaines des caractéristiques de l'UNIQUE, de ce champ unitaire d'énergie, que nous appelons la Vie UNIQUE ou Dieu.

Tout-Puissant

Si l'UNIQUE est tout ce qu'il y a, alors cette Vie UNIQUE doit être toute-puissante. En d'autres termes, lorsqu'il y a un UNIQUE, il n'y a pas de force opposée. Donc il n'y a rien pour résister à l'UNIQUE.

Omniprésent

Étant donné que la Vie UNIQUE est tout ce qu'il y a, elle doit être partout ou omniprésente. En d'autres termes, elle doit être entièrement présente dans toute la création. Par conséquent, ce doit être la même Vie UNIQUE qui anime toute la création, y compris vous, moi, tout le monde et tout le reste.

Omniscient

Étant donné que l'UNIQUE est tout ce qu'il y a, il doit être aussi Esprit Infini ou Intelligence puisqu'Il a conçu toute la création, qu'Il l'a créée et qu'Il la contient. Il ne peut pas y avoir d'Intelligence hormis l'UNIQUE étant donné que l'UNIQUE est toute Intelligence. Donc, rien que vous, moi ou n'importe qui d'autre, puisse concevoir est inconcevable pour l'UNIQUE étant donné que nous vivons, agissons, pensons et respirons tous au sein cette Vie UNIQUE.

La paix et l'harmonie

Une autre caractéristique de l'UNIQUE doit être l'Harmonie. Parce que lorsqu'il y a un UNIQUE, il n'y a pas de force opposée ou de force conflictuelle, ce qui signifie qu'il n'y a pas de dysharmonie. Donc UNIQUE est un autre mot pour la Paix et l'Harmonie.

L'Amour

La Paix et l'Harmonie, ou l'absence de conflit, est une autre façon de décrire l'Amour, le facteur d'Harmonie. (Nous savons tous que la peur est l'opposée de l'Amour. Il est intéressant de noter qu'en sanskrit, peur se dit *deux*).

Infini

D'après la science, le champ unitaire ou l'UNIQUE est infini. Infini signifie qu'il n'y a ni commencement ni fin, donc la Vie UNIQUE doit continuer jusqu'à l'Infini.

L'Abondance

Étant donné que le champ est tout ce qu'il y a, il contient toute la création. «Toute la création», voilà d'autres mots pour l'Abondance infinie qui manifeste tout à partir du champ, du champ unitaire.

Indestructible

Une autre caractéristique de l'UNIQUE est qu'il est indestructible. Non seulement il continue éternellement, mais puisqu'il n'y a pas de force opposée, rien ne peut nuire à ce champ ou le détruire.

Éternel

Étant donné que le champ unitaire, ou la Vie UNIQUE, est indestructible, elle doit être éternelle.

Immortel

Éternel est une autre façon de dire immortel. Autrement dit, l'UNIQUE est la vie éternelle, ce qui signifie qu'il ne meurt jamais.

Le Principe

Comme l'UNIQUE est éternel et immortel, nous pouvons en déduire que l'UNIQUE doit être principe ou loi. Comme nous l'avons constaté au commencement de ce livre, une loi ou un principe est une chose qui est toujours vraie, une chose qui est immuable. Étant donné que cet UNIQUE est éternel et immortel, il est immuable. Donc, l'UNIQUE est loi ou principe immuable.

Le Bien Parfait

À partir de cela nous pouvons dire que la Vie UNIQUE étant tout ce qui existe, non seulement elle est principe, mais elle doit être Principe Immuable du Bien Parfait. Pourquoi le Bien? Quelle est votre définition du *Bien*? Qu'est-ce que le Bien? Votre définition, votre définition la plus élevée du Bien, est la même que la définition la plus élevée du Bien de n'importe qui d'autre. Le Bien est Vie illimitée, Amour illimité, Paix et Harmonie illimitées, Abondance illimitée.

Et, comme nous venons de le voir, toutes ces définitions du Bien sont des caractéristiques de l'UNIQUE – du champ unitaire unique. Par conséquent, nous savons que l'UNIQUE est le Principe Immuable du Bien Parfait.

Votre argument est votre remède

J'ai exposé quelques idées, quelques arguments, dont vous pouvez vous servir lorsque vous examinez la Nature de la Réalité. Cette façon de penser est cruciale lorsqu'il s'agit d'utiliser la «technologie mentale» pour transformer votre vie, comme je l'ai dit au début de cette section.

Pourquoi en est-il ainsi?

Premièrement, parce que selon la loi, toute pensée est créatrice et vos pensées dominantes créent votre réalité.

Deuxièmement, car lorsque vos pensées dominantes sont alignées sur la Nature de la Réalité, il n'y a rien en vous pour nier le Bien supérieur. En d'autres termes, vous ne pensez plus des pensées qui vous limitent et qui se manifestent comme des restrictions (maladie, absence d'harmonie, manque) dans votre vie.

Troisièmement, lorsque vous alignez vos pensées sur la Nature de la Réalité, vous vous alignez sur l'UNIQUE *tout-puissant* qui, nous le savons maintenant, est *Intelligence illimitée, Vie illimitée, Amour illimité, Paix illimitée, Harmonie illimitée, Abondance illimitée, bref, Bien illimité.*

Lorsque vous vous alignez sur l'UNIQUE tout-puissant, vous permettez en réalité à toute la puissance de l'UNIQUE qui anime toute la création d'agir pleinement et librement en vous et à travers vous. Cette action harmonise automatiquement toute situation et résout donc tout problème, toute difficulté ou tout défi qui se présente à vous.

Cet alignement de votre focalisation sur la Nature de la Réalité fonctionne comme la loi de l'élimination dans votre Vie, car elle élimine tout ce qui ne lui ressemble pas. (Ceci est une autre façon d'exprimer la loi des équivalents mentaux).

Troisième étape

Le traitement mental

Troisième étape

Le traitement mental

Maintenant que nous avons exploré la Nature de la Réalité, comment allons-nous mettre en application ces informations dans notre vie? Comment allons-nous nous en servir de façon pratique et quotidienne?

Le traitement mental est une forme particulière de la «technologie mentale» que vous pouvez utiliser pour vous aligner sur la Nature de la Réalité. Cela est attribuable au fait que le traitement mental est un mouvement de l'esprit spécifique et dirigé, dans lequel vous discutez avec vous-même jusqu'à ce que toutes vos pensées soient alignées sur la Nature de la Réalité.

En d'autres termes, vous pensez ou vous vous parlez jusqu'au moment où vous avez éliminé dans votre conscience tout ce qui n'est pas aligné sur la Nature de la Réalité. Et tout ce qui n'est pas aligné sur la Nature de la Réalité doit être une forme ou une autre de pensée qui limite, étant donné que la Nature de la Réalité est le Principe Immuable du Bien Parfait.

Et comme nous le savons maintenant pour avoir étudié les lois mentales, la pensée qui limite est la cause de toute manifestation qui est inférieure au Bien parfait. Nous savons que cela est vrai parce nous savons aussi maintenant que la pensée est la cause de toute manifestation.

Donc, toute expérience qui s'avère moins que parfaite – par exemple la maladie, le manque d'harmonie ou l'absence de prospérité – doit être le résultat d'une cause. Et cette cause ne peut être que des pensées imparfaites, c'est-à-dire des pensées qui ne sont pas alignées sur la Nature de la Réalité.

De l'universel au particulier

L'autre chose importante que fait le traitement mental est de déplacer votre pensée de la contemplation des caractéristiques de la Vie UNIQUE universelle vers votre vie particulière et individuelle. Au cours d'un traitement mental, vous vous expliquez à vous-même, étape par étape, que tout ce qui est vrai de l'ensemble – de la Vie universelle UNIQUE – doit également être vrai à votre propos, étant donné que vous vivez, que vous respirez, que vous agissez et que votre être est au sein de cette Vie UNIQUE.

Autrement dit, durant un traitement mental, vous vous convaincrez vous-même que tout ce qui est vrai de l'UNIQUE doit être vrai en ce qui vous concerne aussi. Lorsque vous aurez réussi à établir ce fait, c'est-à-dire que tout ce qui est vrai de la Vie UNIQUE est aussi vrai à votre sujet et au sujet de votre vie, votre traitement sera terminé et votre problème sera résolu.

Comment commencer

Un traitement mental peut être utilisé pour traiter n'importe quel genre de problème particulier tel qu'un problème de santé, un problème financier ou un problème relationnel. Un traitement mental peut également être utilisé pour l'amélioration générale de votre bien-être ou de vos conditions de vie, ou encore pour promouvoir la croissance spirituelle et l'élévation de la conscience.

Voici ce qu'il faut faire:

Premièrement, vous devez décider de ce que vous voulez traiter. Par exemple, vous souhaitez une meilleure santé.

Lorsque vous saurez ce que vous voulez traiter, oubliez tout ce que vous cherchez à traiter. Ensuite, commencez par vous asseoir dans une position confortable et à relaxer. Contentez-vous simplement de respirer profondément et de vous détendre. Débarrassez-vous de toutes les tensions dans votre corps.

Certaines personnes aiment méditer quelques minutes avant de commencer leur traitement, pour pouvoir se détendre et se recueillir. La méthode de base de respiration pour la méditation décrite à la page 73 est excellente pour cela, ou bien vous pouvez utiliser n'importe quelle méthode de base de la méditation qui vous plaît.

Lorsque vous vous sentirez détendu et axé sur vous-même, vous pourrez commencer votre traitement en disant: «Ce traitement est pour moi. Tout ce que je pense et ce que je dis sur moi est vrai. Le vrai moi.»

Ensuite, vous pouvez commencer, par exemple, à penser qu'il n'y a qu'un UNIQUE, qu'une Vie UNIQUE, une Existence, une Présence. Et que cette Vie UNIQUE ou cette Présence est tout ce qu'il y a. Par conséquent, cette Vie UNIQUE est omniprésente, omnipotente et omnisciente. Si vous préférez appeler cette Vie UNIQUE, Dieu, bien entendu faites-le.

Continuez à réfléchir au concept de l'UNIQUE. Dites-vous que l'UNIQUE ou Dieu est tout ce qu'il y a. Dieu est le seul Pouvoir et la seule Présence, ce qui veut dire que Dieu est dans tout et à travers tout.

Lorsque vous aurez bien établi dans votre esprit que l'UNIQUE ou Dieu est le seul et unique Pouvoir, la seule et unique Présence et que cette Vie UNIQUE ou Dieu est dans tout et à travers tout, vous pourrez commencer à réfléchir à différents aspects de l'UNIQUE. Ces aspects sont la Vie, la Vérité, l'Amour, l'Intelligence, l'Âme, l'Esprit et le Principe. Voici certains mots déclencheurs que vous pouvez utiliser pour aligner votre pensée sur la Nature de la Réalité.

Aspects de la Vie UNIQUE ou Dieu

La Vie

La Vie est existence. La Vie est tout ce qu'il y a. Il n'y a qu'une Vie UNIQUE et cette Vie est partout, dans tout. Cette Vie UNIQUE, ou Dieu est la Force, anime toute la création indivisible.

Cette Vie UNIQUE est la Cause Première, la cause de toute création.

Étant donné que cette Vie est tout ce qu'il y a, cela veut dire qu'il n'y a pas de force opposée. Autrement dit, il n'y a rien d'autre dans l'existence à part cette Vie UNIQUE. Cela signifie que la Vie UNIQUE doit être toute-puissante et omniprésente.

Ensuite, faites le lien entre cette Vie UNIQUE et votre propre vie. Par exemple, vous pouvez dire que cette Vie est exactement la même Vie qui vous a créé et qui vous anime en ce moment. C'est précisément la même Vie qui anime chaque aspect de votre être.

Permettez-vous de focaliser votre attention sur des images qui suscitent en vous le sentiment du vrai pouvoir et de la vraie force de cette Vie UNIQUE omniprésente et omnipotente.

Rappelez-vous que c'est la même Vie UNIQUE, avec toute son incroyable force et son infinie vitalité, qui vous anime. Cette Vie UNIQUE est l'essence même de votre être. C'est ce que vous êtes. C'est votre vraie nature. Tout ce qui est vrai au sujet de cette Vie UNIQUE doit également être vrai à votre sujet puisque cette Vie UNIQUE vous a créé et vous anime.

La Vérité

La Vérité est ce qui est. La Vérité ne change jamais. Donc, la Vie UNIQUE, ou l'Existence, doit être la Vérité puisque la Vie UNIQUE est tout ce qu'il y a. En fait, la Vie ou l'Existence est la seule chose dont nous sommes sûrs. Nous savons que la Vie est parce que nous existons.

En d'autres termes, vous savez que la Vie est parce que vous existez. Vous pourriez dire que vous êtes la preuve de votre propre existence. Donc cela doit être la Vérité. Donc vous êtes Vérité.

L'Amour

Cette Force UNIQUE qui anime l'Univers et l'entière création indivisible a créé la Vie et nous a tout donné. Toute la Vie. Et cette Vie UNIQUE – ou Dieu qui maintient et soutient toute la création – nous inclut nous aussi. Ce qui veut dire vous et moi. Cela doit être l'Amour. Nous pourrions dire que l'Amour est le don de soi de la Vie UNIQUE à soi.

Nous pourrions aussi décrire le don de la vie avec les mots soutien, défense, protection et intérêt, qui sont tous égaux à l'Amour. Étant donné que les êtres humains font partie de cette boucle fermée appelée Vie, cet Amour doit être également l'essence même de notre nature, et de votre nature.

L'Intelligence

La danse éblouissante et incompréhensible de la création dépasse nos fantasmes et nos rêves les plus fous. L'immensité de l'espace avec ses myriades de galaxies, les complexités de nos propres corps, le réseau stupéfiant de toute Vie, qui s'étend d'une dimension à l'autre – nous pressentons et nous saisissons tout cela comme la Vie Universelle dont nous faisons tous partie.

Tout cela, toute cette vaste création existe dans l'esprit de l'UNIQUE, qui coordonne et organise aussi cette incroyable danse de la création sans le moindre effort. Ce qui démontre et prouve l'Intelligence omnisciente de la Vie UNIQUE.

Ensuite, songez que c'est la même Intelligence qui vous a créé et qui vous anime maintenant. Et puisque vous savez aussi que la cause et l'effet sont égaux et identiques, vous pouvez en déduire que cette Intelligence est aussi votre Intelligence.

L'Âme

L'Âme de l'homme est une étincelle de Dieu, de la Vie UNIQUE. La Vie UNIQUE s'est individualisée en chacun de nous. Et tout comme chaque goutte d'eau de l'océan contient l'essence de l'océan, de même la Vie UNIQUE est individualisée mais entière en chacun de nous. Cela signifie que Dieu tout entier ou la Vie UNIQUE est dans chaque fragment de sa création.

Autrement dit, toute cette Force de Vie de l'UNIQUE est en chacun de nous. Chacun de nous a entièrement accès à Dieu dans son ensemble. Cela veut dire que tout ce qui est vrai au sujet de Dieu ou de la Vie UNIQUE est vrai à votre sujet. (Voici un très bon sujet sur lequel méditer).

L'Esprit

L'Esprit est un autre mot pour désigner la force de Vie UNIQUE qui anime toute la création. Et comme nous savons que la création n'a ni commencement ni fin, l'Esprit qui anime toute la création n'a également ni commencement ni fin.

Par conséquent, l'Esprit est éternel et immortel. Cet Esprit est le même Esprit qui vous anime. Et comme vous participez à la nature de l'Esprit, vous devez aussi être éternel et immortel. À cet égard, posez-vous les questions suivantes: «Pouvez-vous vous rappeler un moment où vous n'existiez pas? Pouvez-vous vous rappeler un moment qui a précédé votre naissance?»

Le Principe

Étant donné que le Principe ou la loi est quelque chose d'immuable, la Vie UNIQUE ou Dieu, qui est extérieur et immortel, doit être un Principe ou une loi immuable. Et puisque la Vie UNIQUE est tout ce qui existe, nous pouvons en déduire que cette Vie UNIQUE est – ou Dieu est le Principe Immuable du Bien Parfait – parce qu'il n'y a pas de force opposée. Lorsqu'il n'y a pas de force opposée, il n'y a ni conflit ni manque d'harmonie. Il n'y qu'Amour, Paix et Harmonie.

Ainsi, nous déduisons que la Vie UNIQUE est un autre mot pour l'Amour, la Paix et l'Harmonie qui sont tous synonymes du mot Bien. Par conséquent, nous pouvons dire que l'UNIQUE, ou Dieu, est le Principe Immuable du Bien Parfait.

Terminez la première partie de votre traitement mental en faisant le lien avec cette réalisation et vous-même. Dites, par exemple, qu'étant donné que vous savez que ce Principe du Bien

Parfait est la Force qui vous anime, vous savez que vous reflétez toutes les caractéristiques de cette Force et donc vous devez être aussi le Bien Parfait.

Ce ne sont que quelques suggestions des moyens que vous pouvez utiliser pour penser à la Vie UNIQUE ou à la Nature de la Réalité. Lorsque vous vous serez familiarisé avec ce type de traitement mental, vous découvrirez de plus en plus de moyens de penser à la Nature de la Réalité.

Concevez des équivalents mentaux

Un traitement mental tel que celui que nous sommes en train de décrire est en réalité un argument qui est conçu pour développer votre capacité de comprendre et de prendre conscience du Bien. En fait, tout traitement mental est l'expansion mentale continue de votre capacité d'avoir des pensées plus élevées et meilleures. Étant donné que la Nature de la Réalité *est* le Bien illimité, cela signifie qu'il n'y a pas de limite au Bien que vous pouvez concevoir, manifester et éprouver.

Mais comme nous l'avons appris dans notre étude des lois mentales, vous devez d'abord concevoir (penser à) et prendre conscience de ce Bien avant qu'il ne puisse se manifester dans votre vie. C'est la Loi des équivalents mentaux. Autrement dit, vous devez assimiler l'équivalent mental du Bien avant de pouvoir en faire l'expérience. Donc, vous pouvez dire que tout traitement mental est le processus qui consiste à intégrer ces équivalents mentaux dans votre conscience.

Mais continuons notre traitement...

Prononcer les mots

Lorsque vous vous serez aligné sur ces pensées, que vous aurez le sentiment que vous faites l'expérience de cette Présence ou de cette Puissance que nous appelons Vie UNIQUE ou Dieu, que vous sentirez et que vous prendrez conscience de la façon dont cet UNIQUE vous anime, vous pourrez prononcer les mots qui concernent le problème que vous avez décidé de traiter en commençant votre traitement.

Si vous êtes en train de vous traiter pour avoir une meilleure santé, vous pouvez dire comme vous l'avez fait au commencement de votre traitement: «Ce traitement est pour moi.» Ensuite, dites: «Les paroles que je prononce sont la Vérité à mon sujet. Il n'y a qu'une Vie UNIQUE, ou une Présence, qui anime toute la création, et cette Vie UNIQUE est la même Vie UNIQUE qui m'anime.

Par conséquent, tout ce qui est vrai au sujet de cette Vie UNIQUE doit également être vrai à mon sujet. En d'autres termes, toute la force, tout le pouvoir, toute la vitalité de cette Vie UNIQUE sont également en moi. Et puisque cette Vie UNIQUE est tout ce qui existe, il n'y a rien pour s'opposer à cette force. Donc, il ne peut pas y avoir d'absence d'harmonie ou de maladie en moi.»

Continuez à penser dans ce sens jusqu'à ce que vous réalisiez que tout ce que vous décrivez en général au sujet de la Vie UNIQUE est également vrai en ce qui vous concerne. Que vous avez toutes les caractéristiques de cette Vie UNIQUE. Lorsque vous serez convaincu que c'est le cas, vous vous apercevrez que puisque la santé parfaite est la nature de cette Vie UNIQUE, la santé parfaite est également votre vraie nature.

Ensuite, mettez fin à votre traitement en vue d'une meilleure santé en rendant grâce pour une Santé Parfaite parce que vous savez que la Vie UNIQUE est maintenant en vous et à travers vous pour manifester la Santé Parfaite.

Puis, détendez-vous pour un moment ou deux, et reprenez vos activités habituelles. Durant le cours de la journée, ne laissez pas la moindre pensée qui puisse contredire votre traitement traverser votre esprit. Répétez votre traitement une ou deux fois par jour jusqu'au moment où vous verrez se manifester sur le plan «extérieur» ce que vous avez déjà ressenti sur le plan «intérieur».

Traiter les autres

Vous pouvez traiter les autres de la même façon que vous vous traitez vous-même. Vous pouvez traiter quelqu'un qui est présent, ou quelqu'un qui est très loin. La distance ne fait aucune différence.

Lorsque vous traitez quelqu'un d'autre, commencez par dire: «Ce traitement est pour Jean.» Si le traitement vise la Santé Parfaite, dites alors: «Ce traitement est pour la Santé Parfaite de Jean.» Les mots signifient que je dis la Vérité au sujet de Jean. Ensuite, continuez tel que décrit précédemment.

Traitement en groupe

Vous pouvez également traiter avec un groupe de personnes – pour vous-même ou pour d'autres – en cas de problèmes particuliers ou pour promouvoir des qualités telles que l'Amour, la Paix, la Santé, la Prospérité. Lorsque vous traitez en groupe, il est conseillé de choisir un animateur qui peut diriger les pensées du groupe. L'animateur parle à haute voix de la Nature de la Réalité telle que nous l'avons décrite précédemment. Le groupe peut soit écouter en silence soit répéter les paroles de l'animateur.

Lorsque l'animateur a le sentiment qu'on a suffisamment parlé de la Nature de la Réalité et que les pensées de tout le monde sont maintenant alignées sur la Vie UNIQUE, il ou elle demande au groupe de prononcer les mots appropriés à ce que le groupe est en train de traiter. (Pour un exemple détaillé de traitement en groupe, voir *Le Pouvoir du traitement mental* dans mon livre *Ces forces en soi, «fast-food» pour l'âme, vol. II*).

Exemples d'autres traitements

Quel que soit le problème particulier que vous décidez de traiter, vous pouvez suivre la méthode générale décrite dans l'exemple de traitement qui précède. Cette méthode générale peut être utilisée parce qu'un traitement est un mouvement de l'esprit qui va de l'universel au particulier.

Ainsi, quel que soit le problème que vous traitez, vous devez commencer par contempler la Nature de la Réalité en général. Lorsque vous aurez contemplé les divers aspects généraux de l'UNIQUE, vous pourrez commencer à explorer l'aspect particulier qui est le plus nécessaire pour résoudre votre problème ou guérir ce que vous voulez traiter.

Autrement dit, si vous traitez parce que vous voulez des conseils ou une solution à un problème, vous devez traiter de façon à prendre conscience de l'aspect de la Vie UNIQUE que nous appelons *Intelligence.* Si vous traitez un problème relationnel ou familial, vous devez traiter l'aspect *Amour* de la Nature de la Réalité. Si vous traitez la peur, encore une fois utilisez l'aspect *Amour* parce que l'Amour est l'opposé de la peur.

Pour améliorer vos conditions de vie et augmenter votre prospérité, vous pouvez traiter l'augmentation de l'aspect *Vie,* qui est grande abondance et soutien dépassant toute compréhension. Pour la douleur, traitez en vue de la paix. Pour la fatigue, traitez en vue de la force parfaite, de la force de Vie. Pour la stagnation, traitez pour la circulation parfaite et le mouvement de la force de Vie.

Pour n'importe quel type d'imperfection, qu'il s'agisse d'une imperfection physique ou mentale, traitez pour la réalisation de la perfection de la Vie UNIQUE et pour un apport du facteur d'harmonisation que nous appelons Amour. En cas de choc ou de perte, traitez aussi pour la prise de conscience de l'Amour.

Pour toutes sortes de restrictions, traitez pour la parfaite Liberté du Principe Infini de Vie. Pour n'importe quel type d'inquiétude ou de pensée obsessive, traitez pour la Paix de l'Esprit. Pour une carence, traitez pour une prise de conscience de l'abondance de la Vie. Pour un malentendu, traitez pour la paix et l'harmonie. Pour la colère, traitez pour l'Amour, etc. Bref, réfléchissez et traitez pour l'aspect de l'UNIQUE qui est à l'opposé de votre problème.

Si vous avez des doutes quant à l'aspect particulier qu'il faut traiter, il est toujours efficace de traiter pour prendre conscience de la Présence de la force de Vie UNIQUE là où le problème semble se trouver. Ceci est efficace parce que la Présence qui est l'UNIQUE est identique à la Paix Parfaite, l'Harmonie Parfaite, l'Amour Parfait, la Vie Parfaite, l'Intelligence Parfaite, etc. Donc, votre prise de conscience de cette Présence permet à n'importe quel aspect nécessaire de se manifester.

Le traitement mental n'exige aucun effort

Pour conclure, il est important de se rappeler ce qui suit: Le traitement n'exige aucun effort de notre part.

Pourquoi? Étant donné que nous savons que la loi mentale est une force impersonnelle, il en découle logiquement que le traitement mental n'exige aucun effort ou volonté de notre part. La loi agit automatiquement. La seule chose que nous devons faire durant le traitement mental est de focaliser ou de diriger notre attention et nos pensées.

Une fois que nous avons dirigé la focalisation de notre attention et de nos pensées, nous savons que la loi mentale reflétera notre pensée avec une précision mathématique. Puisque nous savons que la pensée est créatrice, que la pensée est le facteur de causalité dans l'univers, nous savons que nos pensées se manifesteront. Ceci se produit automatiquement.

Donc, nous savons que notre traitement mental manifestera avec précision ce sur quoi nous avons dirigé et focalisé nos pensées, et que cette manifestation n'exige aucun effort de notre part!

Mise en garde

Le traitement mental donne-t-il toujours des résultats? Oui. Mais si vous avez le sentiment que vous ne manifestez pas le résultat escompté, il est important de comprendre que tant que vos convictions les plus profondes (vos pensées ou croyances dominantes) sont en contradiction avec votre traitement mental, ce dernier ne donnera pas les résultats que vous souhaitez. C'est que vous êtes toujours en train de manifester vos convictions les plus profondes, vos vraies croyances et vos pensées dominantes. Donc, si vos pensées dominantes sont limitées, vos résultats seront limités.

Le traitement mental aligne vos pensées dominantes

Dans le cas de la plupart des individus, comprendre et utiliser efficacement le traitement mental sera un processus de développement. Plus vous étudierez les lois mentales, plus vous vous exercerez à la «technologie mentale» décrite dans ce livre, et mieux vous arriverez à manifester les résultats que vous désirez.

Bien entendu, il faut un certain temps pour ce faire, parce qu'il s'agit d'un processus d'alignement de vos pensées dominantes sur la Nature de la Réalité. Pour la plupart des individus, cela ne se produit pas du jour au lendemain. Mais quand cela arrivera, il n'y aura rien dans votre conscient ou dans votre subconscient pour nier le Bien Parfait que vous cherchez à manifester.

Plus vous étudierez et travaillerez la «technologie mentale», plus vous progresserez rapidement et plus vous manifesterez les résultats désirés.

À mesure que vous commencerez à manifester de plus en plus le Bien dans votre vie, vous atteindrez un point où vous serez convaincu que le *traitement mental doit donner des résultats parce qu'il est fondé sur une loi mécanique,* et vous en serez satisfait.

Sommaire

Un logiciel pour votre cerveau

Les lois mentales

Sommaire

Un logiciel pour votre cerveau

Les lois mentales

1. La pensée est la cause, les événements sont l'effet.
2. Vous êtes le seul penseur dans votre esprit.
3. La pensée sur laquelle vous vous focaliserez se développera.
4. Vos pensées dominantes déterminent votre réalité.
5. Vous n'avez à vous occuper de rien d'autre que de vos propres pensées.

6. Étant donné que vous ne pouvez pas cesser de penser, vous êtes toujours en train de créer.
7. Vous ne pouvez pas ressentir une émotion sans avoir d'abord une pensée.
8. Vous ne pouvez changer votre façon de penser qu'en remplaçant les anciens schèmes de pensée par de nouveaux schèmes.
9. «Qui se ressemble s'assemble.»
10. Les pensées sont des choses.

Caractéristiques des lois mentales

Les lois mentales ressemblent aux lois physiques. Ce sont des principes invisibles qui décrivent la façon dont les phénomènes mentaux se déroulent.

- Les lois mentales agissent automatiquement;
- Les lois mentales sont mécaniques;
- Les lois mentales sont impersonnelles;
- Les lois mentales sont indifférentes au résultat;
- Les lois mentales n'ont pas de préférences;

- Les lois mentales agissent avec une précision mathématique;
- Les lois mentales agissent également pour tous;
- Les lois mentales suivent toujours le schème de pensée;
- Les lois mentales peuvent être dirigées en choisissant le schème de pensée;
- Les lois mentales peuvent être utilisées pour manifester la liberté ou les limites (la loi ne connaît pas la différence);
- Les lois mentales agissent que vous les connaissiez ou pas;
- Les lois mentales décrivent et régissent le rapport entre les pensées et les choses;
- Les lois mentales décrivent et régissent le rapport entre l'invisible et le visible
- Les lois mentales décrivent et régissent le rapport entre le non-manifeste et le manifeste

Aide-mémoire

Le principe est invisible

Aide-mémoire

Le principe est invisible

Tous les scientifiques, quels que soient les domaines de la science dans lesquels ils travaillent, s'appuient sur les principes de leur science et travaillent avec ces principes. Ces principes sont toujours invisibles.

La science est l'étude des mécanismes de l'univers

La science est impersonnelle. La science est l'étude des lois naturelles, qui sont impersonnelles et peuvent être utilisées par n'importe qui. Dans le domaine de la science, nous jugeons les causes en observant les effets puisque la cause est invisible.

Le traitement mental est scientifique

Le traitement mental est scientifique parce qu'il est fondé sur des lois impersonnelles et mécaniques. Il est scientifique parce qu'on peut l'utiliser pour diriger une série d'événements fondés sur des principes et des lois. N'importe qui peut utiliser la loi, par conséquent n'importe qui peut faire un traitement mental. Celui qui comprend le principe est alors capable d'utiliser le traitement mental pour obtenir des résultats définis et particuliers.

Un logiciel pour votre cerveau

Les lois mentales sont également applicables aux individus et aux groupes. Les pensées dominantes du conscient collectif de l'humanité se manifestent selon la loi, tout comme les pensées des individus se manifestent selon la loi.

Ayant compris ces nouvelles informations, nous sommes maintenant capables de comprendre pourquoi la vision collective de notre avenir commun se manifestera. Cette loi est inévitable et impersonnelle: les pensées de l'humanité créent l'avenir de l'humanité en ce moment même.

Quelle sorte d'avenir imaginons-nous? Pour nous-même et pour la planète dans son ensemble?

Quelles sont nos pensées dominantes au sujet de la Nature de la Réalité?

Manifester le Monde Parfait est le désir de tous les êtres et leur rêve le plus cher. Chacun de nous veut le même Bien – la Vie illimitée, la Santé illimitée, la Liberté illimitée, l'Amour illimité, l'Abondance illimitée, la Paix illimitée…

Étant donné que nous sommes les seuls penseurs dans notre esprit, nous sommes les seuls à faire des choix. Et en ce moment même, nous pensons ensemble à notre destin commun.

Comprendre le principe et l'application pratique de la «technologie mentale» est le joyau inestimable que nous cherchons depuis toujours. C'est la clé de la liberté. La clé qui nous permet d'atteindre le Bien illimité. Maintenant, finalement, nous avons le logiciel dont nous avons besoin pour que notre cerveau travaille pour le Plus Grand Bien de Tous. Maintenant, finalement, nous avons la «technologie mentale» dont nous avons besoin pour changer le cours de l'histoire humaine et concrétiser nos rêves.

Nous pouvons le faire.

L'univers de Barbara Berger

Trois grands livres pour le nouveau millénaire

Un nouveau livre révolutionnaire:
LA TECHNOLOGIE MENTALE
UN LOGICIEL POUR VOTRE CERVEAU

Voici un manifeste pour le nouveau millénaire. *La Technologie mentale* décrit les lois ou les principes mentaux essentiels qui régissent la façon dont votre esprit procède. En d'autres termes, *La Technologie mentale* est un logiciel pour votre cerveau. Tout comme les lois physiques, les lois mentales sont des principes impersonnels qui agissent, que nous en soyons conscients ou non.

Ce livre explique, dans une langue simple, en quoi consistent ces lois, comment elles agissent, et comment s'en servir pour améliorer notre vie personnelle et collective. La découverte révolutionnaire de *La Technologie mentale* va transformer radicalement nos vies au cours du XXIe siècle.

Le best-seller: *CES FORCES EN SOI* *«FAST-FOOD» POUR L'ÂME*

Ce livre est un best-seller nouvel âge au Danemark. Même si plus de 20 000 exemplaires ont déjà été vendus dans ce petit pays de 5 millions d'habitants, ce livre continue à faire l'objet de critiques enthousiastes. Bon nombre de lecteurs disent que ce livre les a transformés parce qu'il leur offre un cours rapide et facile à utiliser sur la façon dont l'esprit procède, plus des techniques efficaces pour résoudre des problèmes, qu'ils aient trait à la santé, aux finances, à la vie en général ou aux relations personnelles. Bref, ce livre explique comment mettre en application la «technologie mentale» pour améliorer immédiatement sa vie.

Au Danemark, ce livre est tellement populaire que bon nombre de lecteurs ne veulent pas quitter leur maison sans l'emporter!

Il est également publié en français par les éditions Un monde différent et en allemand par Lippert Verlag.

Le nouveau guide révisé:
GATEWAY TO GRACE

LE GUIDE DE BARBARA BERGER SUR LA MÉDITATION À LA PORTÉE DE TOUS

La spiritualité n'est plus réservée aux «*happy few*», elle est maintenant à la portée des «*happy many*». Une révolution est en train de se produire dans le domaine de la conscience et de plus en plus de personnes veulent faire l'expérience de niveaux de conscience plus étendus. Ce livre est un guide simple sur la façon d'utiliser des techniques de méditation de base à la portée de tous, en plus d'offrir des aperçus importants sur la façon dont l'esprit procède.

Il contient également une description des avantages de la méditation et décrit certains des obstacles que les débutants risquent de trouver sur leur chemin. En résumé, un autre livre sur la façon d'utiliser la «technologie mentale».

À propos de l'auteure

Barbara Berger est une Américaine qui a écrit plus de 10 livres sur la façon de prendre en main nos pouvoirs personnels. Ses livres sont publiés partout en Scandinavie, en Europe et aux États-Unis.

Barbara Berger dirige sa propre entreprise de communications dont le siège social est à Copenhague, au Danemark, ainsi que les *Beam Team Books*, et voyage à travers le monde pour animer ses ateliers dont les caractéristiques sont d'être uniques en leur genre.

CHEZ LE MÊME ÉDITEUR:

Liste des livres:

52 cartes d'affirmations, *Catherine Ponder*
52 étapes pour atteindre le succès, *Napoleon Hill*
52 façons de développer son estime personnelle et sa confiance en soi, *Catherine E. Rollins*
52 façons simples d'aider votre enfant à s'aimer et à avoir confiance en lui, *Jan Lynette Dargatz*
52 façons simples de dire «Je t'aime» à votre enfant, *Jan Lynette Dargatz*
1001 maximes de motivation, *Sang H. Kim*
Accomplissez des miracles, *Napoleon Hill*
Agenda du Succès *(formats courant et de poche), éditions Un monde différent*
Aidez les gens à devenir meilleurs, *Alan Loy McGinnis*
À la conquête du succès, *Samuel A. Cypert*
À la recherche d'un équilibre: une stratégie antistress, *Lise Langevin Hogue*
Amazon.com, *Robert Spector*
Ange de l'espoir (L'), *Og Mandino*
À propos de..., *Manuel Hurtubise*
Apprivoiser ses peurs, *Agathe Bernier*
Arrêtez d'avoir peur et croyez au succès!, *Jean-Guy Leboeuf*
Arrêtez la terre de tourner, je veux descendre!, *Murray Banks*
Ascension de l'empire Marriott (L'), *J.W. Marriott et Kathi Ann Brown*

Attirez la prospérité, *Robert Griswold*
Attitude d'un gagnant, *Denis Waitley*
Attitude gagnante: la clef de votre réussite personnelle (Une), *John C. Maxwell*
Attitudes pour être heureux, *Robert H. Schuller*
Au cas où vous croiriez être normal, *Murray Banks*
Bien vivre sa retraite, *Jean-Luc Falardeau et Denise Badeau*
Bonheur et autres mystères, suivi de La Naissance du Millionnaire (Le), *Marc Fisher*
Capitalisme avec compassion (Le), *Rich DeVos*
Changez de cap, c'est l'heure du commerce électronique, *Janusz Szajna*
Chapeau neuf (Le), *Marc Montplaisir*
Chemin de la vraie fortune (Le), *Guy Finley*
Cartes de motivation, *Un monde différent*
Ces forces en soi, *Barbara Berger*
Cœur à Cœur, l'audace de Vivre Grand, *Thierry Schneider*
Comment contrôler votre temps et votre vie, *Alan Lakein*
Comment réussir l'empowerment
dans votre organisation? *John P. Carlos, Alan Randolph et Ken Blanchard*
Comment se fixer des buts et les atteindre, *Jack E. Addington*
Comment vaincre un complexe d'infériorité, *Murray Banks*
Comment vivre avec soi-même, *Murray Banks*
Communiquer: Un art qui s'apprend, *Lise Langevin Hogue*
Créé pour vivre, *Colin Turner*
Créez votre propre joie intérieure, *Renee Hatfield*
Dauphin, l'histoire d'un rêveur (Le), *Sergio Bambaren*
Débordez d'énergie au travail et à la maison, *Nicole Fecteau-Demers*
Découverte par le Rêve (La), *Nicole Gratton*
Découvrez le diamant brut en vous, *Barry J. Farber*
Découvrez votre mission personnelle par les signes de jour et par les rêves de nuit, *Nicole Gratton*
De l'échec au succès, *Frank Bettger*
De la part d'un ami, *Anthony Robbins*
Dépassement total, *Zig Ziglar*
Devenez influent, *Anthony P. Zeiss*

Développez habilement vos relations humaines, *Leslie T. Giblin*
Développez votre confiance et votre puissance avec les gens, *Leslie T. Giblin*
Développez votre leadership, *John C. Maxwell*
Devenez la personne que vous rêvez d'être, *Robert H. Schuller*
Devenez influent, neuf lois pour vous mettre en valeur, *Tony Zeiss*
Devenez une personne d'influence, *John C. Maxwell* et *Jim Dornan*
Devenir maître motivateur, *Mark Victor Hansen et Joe Batten*
Dites oui à votre potentiel, *Skip Ross*
Dix commandements pour une vie meilleure, *Og Mandino*
Échelons de la réussite (Les), *Ralph Ransom*
Elle et lui une union à protéger, *Willard F. Harley*
En route vers la qualité totale par l'excellence de soi, *André Quéré*
En route vers le succès, *Rosaire Desrosby*
Enthousiasme fait la différence (L'), *Norman Vincent Peale*
Entre deux vies, *Joel L.Whitton et Joe Fisher*
Envol du fabuleux voyage (L'), *Louis A. Tartaglia*
Esprit qui anime les gagnants (L'), *Art Garner*
Être à l'écoute de son guide intérieur, *Lee Coit*
Eurêka!, *Colin Turner*
Éveillez votre pouvoir intérieur, *Rex Johnson et David Swindley*
Évoluer vers le bonheur intérieur permanent, *Nicole Pépin*
Faites la paix avec vous-même, *Ruth Fishel*
Fonceur (Le), *Peter B. Kyne*
Gestion du temps (La), *Danielle DeGarie*
survie par l'estime de soi, *Aline Lévesque*
Hectares de diamants (Des), *Russell H. Conwell*
Homme est le reflet de ses pensées (L'), *James Allen*
Homme le plus riche de Babylone (L'), *George S. Clason*
Il faut le croire pour le voir, *Wayne W. Dyer*
Illusion de l'ego (L'), *Chuck Okerstrom*
Je vous défie!, *William H. Danforth*
Journal d'un homme à succès, *Jim Paluch*
Joy, tout est possible, *Thierry Schneider*

Leader, avez-vous ce qu'il faut?, *John C. Maxwell*
Légende des manuscrits en or (La), *Glenn Bland*
Lever l'ancre pour mieux nourrir son corps, son cœur et son âme, *Marie-Lou et Claude*
Livre des secrets (Le), *Robert J. Petro* et *Therese A. Finch*
Livre d'or de l'optimiste (Le), *parrainé par Véronique Cloutier*
Livre d'or des relations humaines (Le), *parrainé par Pierre Lalonde*
Livre d'or du bonheur (Le), *parrainé par Diane et Paolo Noël*
Livre d'or du gagnant (Le), *parrainé par Manuel Hurtubise*
Lois dynamiques de la prospérité (Les), *Catherine Ponder*
Magie de penser succès (La), *David J. Schwartz*
Magie de s'autodiriger (La), *David J. Schwartz*
Magie de voir grand (La), *David J. Schwartz*
Maître (Le), *Og Mandino*
Maîtrisez vos comportements sans les faire subir aux autres, *Robert A. Schuller*
Marketing de réseaux, un mode de vie (Le), *Janusz Szajna*
Même les aigles ont besoin d'une poussée, *David McNally*
Mémorandum de Dieu (Le), *Og Mandino*
Mes valeurs, mon temps, ma vie!, *Hyrum W. Smith*
Moine qui vendit sa Ferrari (Le), *Robin S. Sharma*
Motivation par l'action (La), *Jack Stanley*
Napoleon Hill et l'attitude mentale positive, *Michael J. Ritt*
Naufrage intérieur, le vrai Titanic, *Richard Durand*
Né pour gagner, *Lewis Timberlake et Marietta Reed*
Objectif: Réussir sa vie et dans la vie!, *Richard Durand*
Oser... L'Amour dans tous ses états!, *Pierrette Dotrice*
Osez Gagner, *Mark Victor Hansen et Jack Canfield*
Ouverture du cœur, les principes spirituels de l'amour (L'), *Marc Fisher*
Ouvrez votre esprit pour recevoir, *Catherine Ponder*
Ouvrez-vous à la prospérité, *Catherine Ponder*
Paradigmes (Les), *Joel A. Baker*
Pardon, guide pour la guérison de l'âme (Le), *Marie-Lou et Claude*
Parfum d'amour, *Agathe Bernier*

Pensée positive (La), *Norman Vincent Peale*
Pensez du bien de vous-même, *Ruth Fishel*
Pensez en gagnant!, *Walter Doyle Staples*
Pensez possibilités, *Robert H. Schuller*
Père riche, père pauvre, *Robert T. Kiyosaki et Sharon Lechter*
Performance maximum, *Zig Ziglar*
Personnalité plus, *Florence Littauer*
Plaisir de réussir sa vie (Le), *Marguerite Wolfe*
Plus grand miracle du monde (Le), *Og Mandino*
Plus grand mystère du monde (Le), *Og Mandino*
Plus grand secret du monde (Le), *Og Mandino*
Plus grand succès du monde (Le), *Og Mandino*
Plus grand vendeur du monde (Le), *Og Mandino*
Pour le cœur et l'esprit, *Patrick Leroux*
Pourquoi se contenter de la moyenne quand on peut exceller?, *John L. Mason*
Pouvoir de la pensée positive (Le), *Eric Fellman*
Pouvoir de la persuasion (Le), *Napoleon Hill*
Pouvoir de vendre (Le), *José Silva et Ed Bernd fils*
Pouvoir triomphant de l'amour (Le), *Catherine Ponder*
Prenez du temps pour vous-même, *Ruth Fishel*
Prenez rendez-vous avec vous-même, *Ruth Fishel*
Progresser à pas de géant, *Anthony Robbins*
Provoquez le leadership, *John C. Maxwell*
Puissance d'une vision (La), *Kevin McCarthy*
Quand on veut, on peut!, *Norman Vincent Peale*
Que faire en attendant le psy?, *Murray Banks*
Qui va pleurer... quand vous mourrez? *Robin S. Sharma*
Réincarnation: il faut s'informer (La), *Joe Fisher*
Relations humaines, secret de la réussite (Les), *Elmer Wheeler*
Renaissance, Retrouver l'équilibre intérieur (La), *Marc Gervais*
Rendez-vous au sommet, *Zig Ziglar*
Retour du chiffonnier (Le), *Og Mandino*
Réussir à tout prix, *Elmer Wheeler*
Réussir grâce à la confiance en soi, *Beverly Nadler*
Rêves d'amour (Les), *Nicole Gratton*
Roue de la sagesse (La), *Angelika Clubb*

Route de la vie (La), *Carolle Anne Dessureault*
Sagesse du moine qui vendit sa Ferrari (La), *Robin S. Sharma*
S'aimer soi-même, *Robert H. Schuller*
Saisons du succès (Les), *Denis Waitley*
Sans peur et sans relâche, *Joe Tye*
Se connaître et mieux vivre, *Monique Lussier*
Secret d'un homme riche (Le), *Ken Roberts*
Secret d'une prospérité illimitée (Le), *Catherine Ponder*
Secret est dans le plaisir (Le), *Marguerite Wolfe*
Secrets de la confiance en soi (Les), *Robert Anthony*
Secrets de la vente professionnelle, *Jean-Guy Leboeuf*
Secrets d'une vie magique, *Pat Williams*
Semainier du Succès (Le), *éditions Un monde différent ltée*
Sommeil idéal, guide pour bien dormir et vaincre l'insomnie (Le), *Nicole Gratton*
S.O.S. à l'amour, *Willard F. Harley, fils*
Souriez à la vie, *Zig Ziglar*
Sports versus affaires, *Don Shula et Ken Blanchard*
Stratégies de prospérité, *Jim Rohn*
Stratégies pour communiquer efficacement, *Vera N. Held*
Stress: Lâchez prise! (Le), *Guy Finley*
Succès d'après la méthode de Glenn Bland (Le), *Glenn Bland*
Succès n'est pas le fruit du hasard (Le), *Tommy Newberry*
Technologie mentale, un logiciel pour votre cerveau (La), *Barbara Berger*
Télépsychique (La), *Joseph Murphy*
Tiger Woods: La griffe d'un champion, *Earl Woods et Pete McDaniel*
Tout est possible, *Robert H. Schuller*
Un, *Richard Bach*
Vaincre les obstacles de la vie, *Gerry Robert*
Vente: Étape par étape (La), *Frank Bettger*
Vente: Une excellente façon de s'enrichir (La), *Joe Gandolfo*
Vie est magnifique (La), *Charlie «T.» Jones*
Vie est un rêve (La), *Marc Fisher*
Visez la victoire, *Lanny Bassham*
Vivre au cœur de la tornade, *Diane Desaulniers et Esther Matte*

Vivre Grand: développez votre confiance jusqu'à l'audace, *Thierry Schneider*
Vivre sa vie autrement, *Eva Arcadie*
Votre droit absolu à la richesse, *Joseph Murphy*
Votre force intérieure = T.N.T, *Claude M. Bristol et Harold Sherman*
Votre liberté financière grâce au marketing par réseaux, *André Blanchard*
Vous êtes unique, ne devenez pas une copie!, *John L. Mason*

Liste des cassettes audio:
Après la pluie, le beau temps!, *Robert H. Schuller*
Arrêtez d'avoir peur et croyez au succès!, *Jean-Guy Leboeuf*
Assurez-vous de gagner, *Denis Waitley*
Atteindre votre plein potentiel, *Norman Vincent Peale*
Attitude d'un gagnant, *Denis Waitley*
Comment attirer l'argent, *Joseph Murphy*
Comment contrôler votre temps et votre vie, *Alan Lakein*
Comment se fixer des buts et les atteindre, *Jack E. Addington*
Communiquer: Un art qui s'apprend, *Lise Langevin Hogue*
Créez l'abondance, *Deepak Chopra*
De l'échec au succès, *Frank Bettger*
Dites oui à votre potentiel, *Skip Ross*
Dix commandements pour une vie meilleure, *Og Mandino*
Fortune à votre portée (La), *Russell H. Conwell*
Homme est le reflet de ses pensées (L'), *James Allen*
Intelligence émotionnelle (L'), *Daniel Goleman*
Je vous défie!, *William H. Danforth*
Lâchez prise!, *Guy Finley*
Lois dynamiques de la prospérité (Les), (2 parties) *Catherine Ponder*
Magie de croire (La), *Claude M. Bristol*
Magie de penser succès (La), *David J. Schwartz*
Magie de voir grand (La), *David J. Schwartz*
Maigrir par autosuggestion, *Brigitte Thériault*
Mémorandum de Dieu (Le), *Og Mandino*
Menez la parade!, *John Haggai*
Pensez en gagnant!, *Walter Doyle Staples*

Performance maximum, *Zig Ziglar*
Plus grand vendeur du monde (Le), (2 parties) *Og Mandino*
Pouvoir de l'optimisme (Le), *Alan Loy McGinnis*
Psychocybernétique (La), *Maxwell Maltz*
Puissance de votre subconscient (La), (2 parties) *Joseph Murphy*
Réfléchissez et devenez riche, *Napoleon Hill*
Rendez-vous au sommet, *Zig Ziglar*
Réussir grâce à la confiance en soi, *Beverly Nadler*
Secret de la vie plus facile (Le), *Brigitte Thériault*
Secrets pour conclure la vente (Les), *Zig Ziglar*
Se guérir soi-même, *Brigitte Thériault*
Sept Lois spirituelles du succès (Les), *Deepak Chopra*
Votre plus grand pouvoir, *J. Martin Kohe*

Liste du disque compact:

Mémorandum de Dieu (Le), (deux versions: Roland Chenail et Pierre Chagnon), *Og Mandino*

Si vous désirez obtenir le catalogue de nos parutions,
il vous suffit de nous écrire à l'adresse suivante:
Les éditions Un monde différent ltée
3925, Grande-Allée
Saint-Hubert (Québec), Canada J4T 2V8
ou de composer le (450) 656-2660 ou le téléco. (450) 445-9098
Site Internet: http://www.umd.ca
Courriel: info@umd.ca